오현정·김혜연·이시이 나오미·사사모토 아키코·최혜정 공저

다락원

다이나믹 일본어 독해 중급

지은이 오현정, 김혜연, 이시이 나오미, 사사모토 아키코, 최혜정
펴낸이 정규도
펴낸곳 (주)다락원

초판 1쇄 발행 2015년 8월 20일
초판 7쇄 발행 2025년 2월 24일

책임편집 송화록
디자인 장미연, 이승현
일러스트 위싱스타

다락원 경기도 파주시 문발로 211
내용문의 (02)736-2031 내선 460~465
구입문의 (02)736-2031 내선 250~252
Fax (02)732-2037
출판등록 1977년 9월 16일 제406-2008-000007호

Copyright ⓒ 2015, 오현정, 김혜연, 이시이 나오미,
　　　　　　사사모토 아키코, 최혜정

저자 및 출판사의 허락 없이 이 책의 일부 또는 전부를 무단
복제·전재·발췌할 수 없습니다. 구입 후 철회는 회사 내규에
부합하는 경우에 가능하므로 구입문의처에 문의하시기
바랍니다. 분실·파손 등에 따른 소비자 피해에 대해서는
공정거래위원회에서 고시한 소비자 분쟁 해결 기준에 따라 보상
가능합니다. 잘못된 책은 바꿔 드립니다.

ISBN 978-89-277-1119-3 14730
　　　978-89-277-1117-9 (set)

http://www.darakwon.co.kr

- 다락원 홈페이지를 방문하시면 상세한 출판 정보와 함께 동영
  상 강좌, MP3 자료 등 다양한 어학 정보를 얻으실 수 있습니다.
- 다락원 홈페이지 자료실에서 MP3 파일(무료)을 다운로드 받으
  실 수 있습니다.

머리말

『다이나믹 일본어 독해 중급』은 중급 레벨의 학습자를 대상으로 한 독해 교재입니다. 중급 정도의 레벨이 되면, 기본적으로 어느 정도 길이가 있는 문장 속에 나타난 어휘와 문법을 중심으로, 전체적인 글의 내용을 파악할 수 있는 독해력이 요구됩니다. 하지만, 독해력을 향상시키기 위해서는 어휘, 문법, 표현뿐만 아니라, 글의 전체적인 내용 이해, 글의 배경 등도 함께 파악할 수 있어야 합니다.

본 교재는 독해력 향상을 위해 다음과 같이 구성하였습니다.

- 〈본문〉은 JLPT(일본어 능력시험) N3 정도의 어휘와 문법, 표현을 사용하였습니다.
- 〈본문〉은 750자에서 1000자 정도의 길이로 구성하였고, 뒤로 갈수록 더욱 긴 일본어 문장을 읽을 수 있도록 작성하였습니다.
- 〈본문〉은 일본 문화를 중심으로 소개하고 있으며, 한일 문화도 비교할 수 있도록 만들었습니다.
- 〈포인트 정리〉에서는 알기 쉬운 예문과 학습자들이 헷갈려 하는 유사표현을 함께 제시하여 보다 심층적인 학습이 되도록 하였습니다.
- 〈연습문제〉에서는 독해의 기본인 어휘, 문법, 한자, 문장 완성하기 등을 연습할 수 있도록 하여 독해력 향상을 도모하였습니다.
- 〈함께하기〉에서는 본문과 관련된 일본의 문화를 학습자가 직접 체험해 볼 수 있게 만들었습니다. 각 과의 특성에 맞게, 음식 만들기, 게임, 퀴즈, 심리테스트 등 다양한 소재를 통해 학습자가 재미있게 활동할 수 있도록 하였습니다.
- 외국어를 배우는 데 있어 문화를 이해하는 것은 상당히 중요한 부분이라 할 수 있습니다. 언어에는 그 나라의 문화가 배어 있기 때문입니다. 본 교재에서는 학습자의 흥미를 유발하기 위해, 〈쉬어가기〉에서 일본 문화를 만화 형식으로 제시하였습니다.

본 교재가 중급 일본어 학습자의 독해력 향상에 조금이나마 도움이 되었으면 합니다. 마지막으로 본 교재를 만드는 데 있어 큰 도움을 주신 ㈜다락원 일본어 출판부 관계자 여러분들께 진심으로 감사의 말씀을 드립니다.

저자 일동

이 책의 구성과 특징

- 『다이나믹 일본어 독해 중급』은 중급 레벨의 학습자를 대상으로 한 독해 교재입니다.
- 독해문은 학습자들이 일본어뿐만 아니라 일본 문화까지 간접 체험할 수 있도록 만들었습니다. JLPT(일본어 능력시험) N3 수준의 단어와 문법, 표현을 사용하여, 일본어 관련 시험을 준비하는 수험생들에게도 도움이 되리라 생각합니다.
- 전체 구성은 15과로 되어 있고, 독해문은 별도로 MP3 파일(무료 다운로드)을 준비해서 청해에도 도움이 될 수 있도록 하였습니다.
- 각 과는 〈학습 포인트〉〈독해문〉〈신출단어&표현〉〈내용 체크〉〈포인트 정리〉〈연습문제〉〈함께 하기〉〈쉬어가기〉로 구성되어 있습니다.

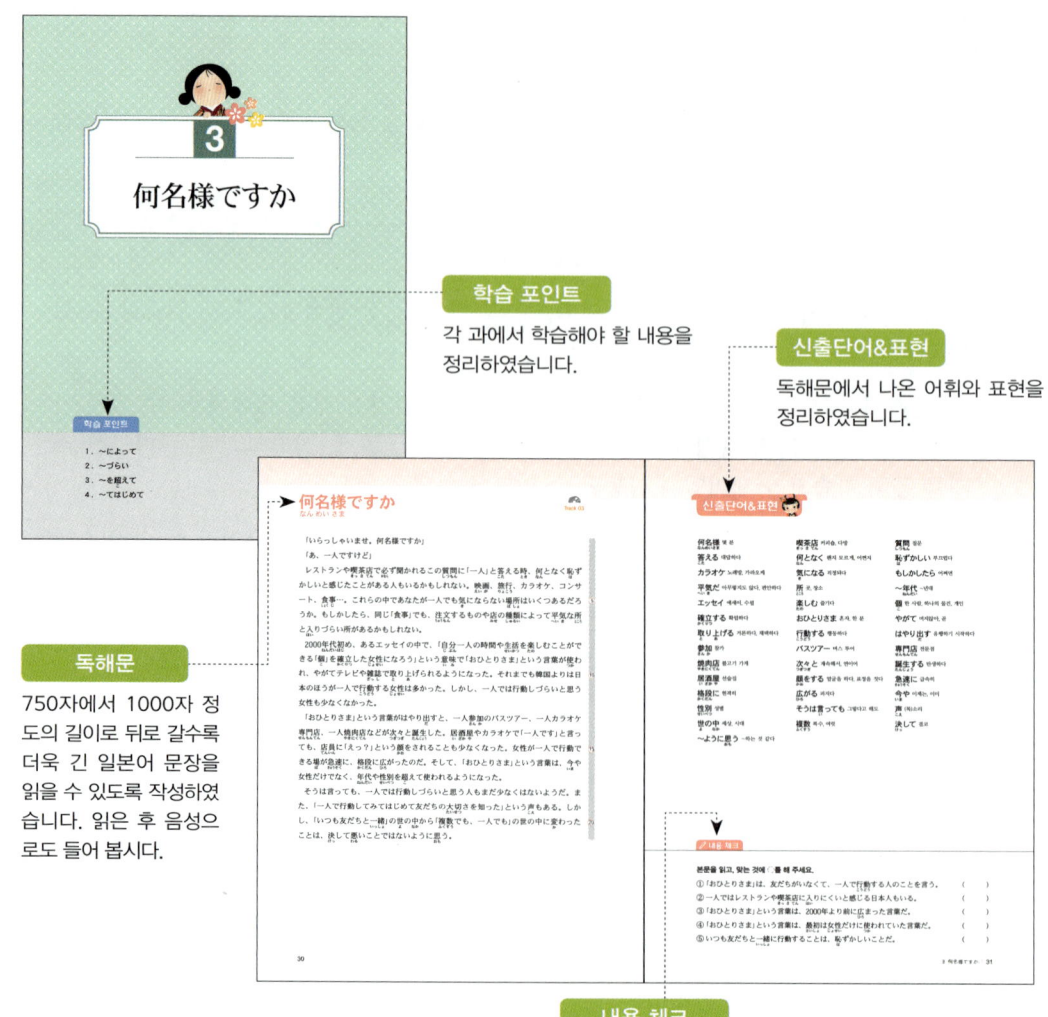

학습 포인트
각 과에서 학습해야 할 내용을 정리하였습니다.

신출단어&표현
독해문에서 나온 어휘와 표현을 정리하였습니다.

독해문
750자에서 1000자 정도의 길이로 뒤로 갈수록 더욱 긴 일본어 문장을 읽을 수 있도록 작성하였습니다. 읽은 후 음성으로도 들어 봅시다.

내용 체크
독해문을 읽고 내용을 잘 이해했는지를 묻는 문제입니다.

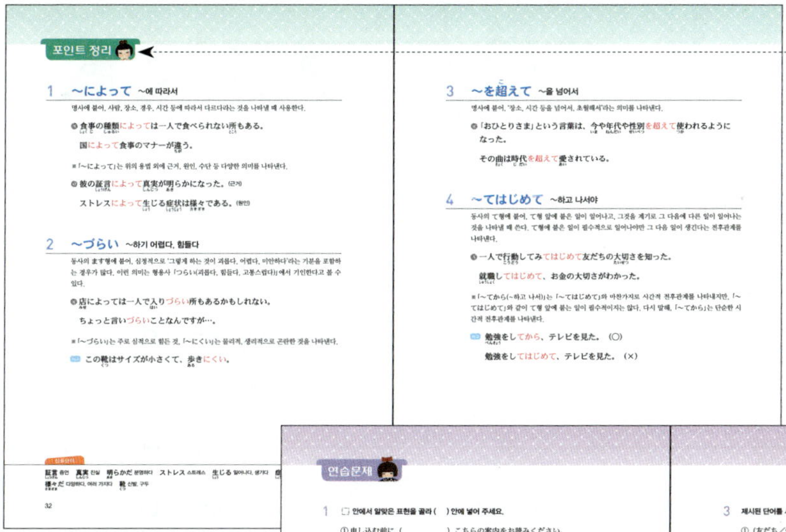

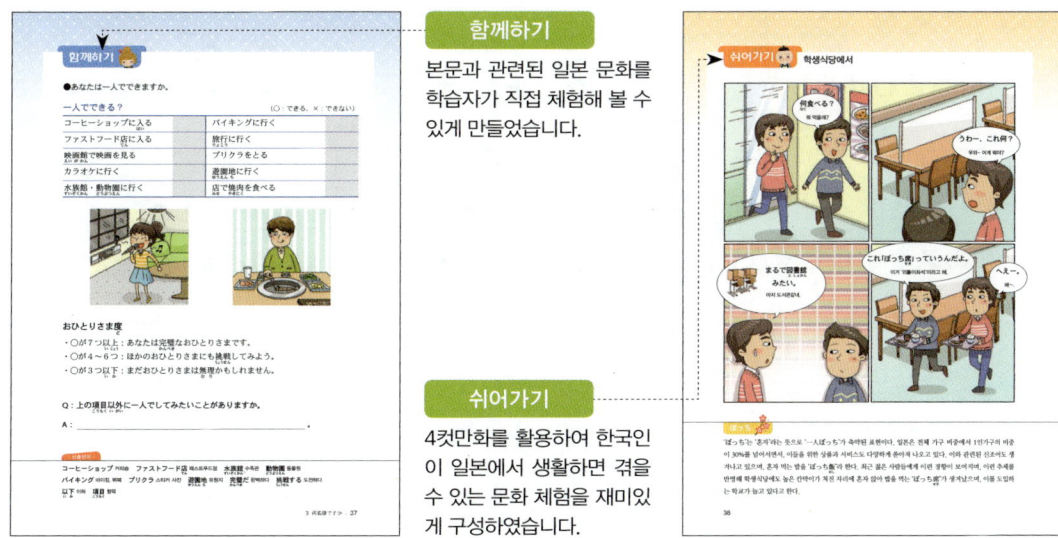

포인트 정리

JLPT N3 수준의 문법과 표현을 독해문에서 뽑아 설명하고 있습니다.

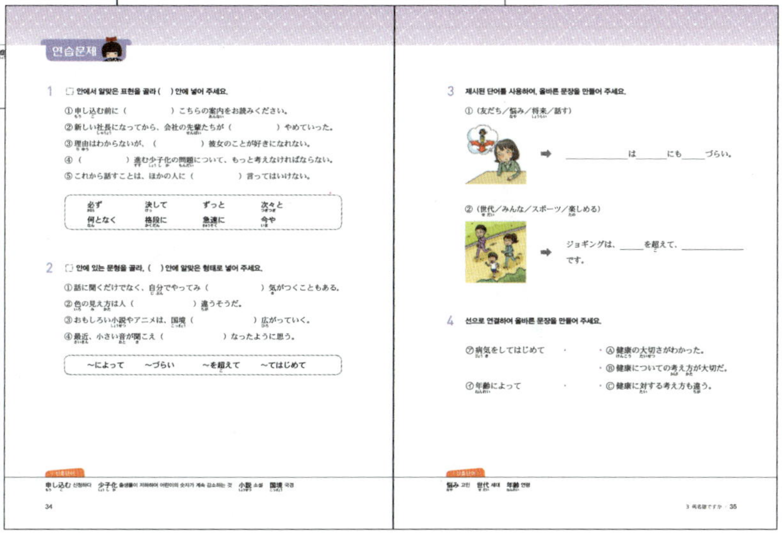

연습문제

알맞은 표현, 주어진 표현으로 문장 완성하기, 그림을 보고 문장 완성하기, 선으로 올바른 문장 완성하기, 퍼즐로 한자 단어 찾기, 올바른 한자 읽기 등 다양한 형태의 문제를 통해 학습 내용을 확인하고 있습니다.

함께하기

본문과 관련된 일본 문화를 학습자가 직접 체험해 볼 수 있게 만들었습니다.

쉬어가기

4컷만화를 활용하여 한국인이 일본에서 생활하면 겪을 수 있는 문화 체험을 재미있게 구성하였습니다.

이 책의 학습 포인트

	학습 포인트	
1 こちら、温めますか	① ～といえば ③ ～なくてもいい	② ～をはじめ ④ ～一方で
2 次は、新宿です	① ～にかけて ③ ～ようとする	② ～きれない ④ ～に対して
3 何名様ですか	① ～によって ③ ～を超えて	② ～づらい ④ ～てはじめて
4 そのジェスチャー、どんな意味？	① ～たところ ③ ～からといって	② ～に関して ④ ～ではないだろうか
5 何て読むの？	① ～がたい ③ ～によると	② ～得る ④ ～かねない
6 待ち合わせをしたら…	① ～に応じて ③ たとえ～ても	② ～つつ ④ ～ものだ (일반적 본성)
7 私のスタイルじゃないね	① ～を問わず ③ ～から見ると	② ～ものの ④ ～はずだ
8 そろそろ始まりますね	① ～せいだ ③ ～ものだ (과거)	② ～どころか ④ ～につれて

9 世界に食文化を伝えよう	① 〜に加えて（くわ） ③ 〜において	② 〜からには ④ 〜次第だ（しだい）
10 御社が第一志望です	① 〜ばかりか ③ 〜といっても	② 〜に従って（したが） ④ 〜に違いない（ちが）
11 方言は、「めっちゃ」 おもしろい！	① 〜に基づいて（もと） ③ 〜わりには	② 〜とともに ④ 〜ことはない
12 今しか買えない、 ここでしか買えない	① 〜に限り（かぎ） ③ 〜ついでに	② 〜ものなら ④ 〜に関わらず（かか）
13 今日はネットカフェに 泊まります	① 〜のみならず ③ 〜わけだ	② 〜代わりに（か） ④ 〜とたん
14 むかしむかし、あるところに…	① 〜あげく ③ 〜ながら	② 〜にもかかわらず ④ 〜間に（あいだ）
15 ご縁がありますように	① 〜ずにはいられない ③ 〜というものではない	② 〜というものだ ④ 〜がちだ

차례

머리말	3
이 책의 구성과 특징	4
이 책의 학습 포인트	6

1	こちら、温めますか	9
2	次は、新宿です	19
3	何名様ですか	29
4	そのジェスチャー、どんな意味？	39
5	何て読むの？	49
6	待ち合わせをしたら…	59
7	私のスタイルじゃないね	69
8	そろそろ始まりますね	79
9	世界に食文化を伝えよう	89
10	御社が第一志望です	99
11	方言は、「めっちゃ」おもしろい！	109
12	今しか買えない、ここでしか買えない	119
13	今日はネットカフェに泊まります	129
14	むかしむかし、あるところに…	139
15	ご縁がありますように	149

부록   159
1. 본문 해석 및 내용 체크 정답
2. 연습문제 정답
3. 색인

1
こちら、温めますか

학습 포인트

1. ～といえば
2. ～をはじめ
3. ～なくてもいい
4. ～一方で

こちら、温めますか

「コンビニといえば○○！」

　お菓子や飲み物をはじめ、文具、石けん、電池…コンビニには実に多くのものが置かれている。みなさんなら○○にどんな言葉を思い浮かべるだろうか。

　日本人なら弁当やおにぎり、スイーツをあげる人が多いだろう。そのくらい日本のコンビニには、いろいろな種類の食べ物が並んでいる。そして、サービスもちょっと違う。

　一言で言うなら、韓国のコンビニは「セルフ」型だ。例えば、コンビニで弁当やカップラーメン、牛乳を買う。カウンターに置いてあるはしやストローは自分で取る。取るのを忘れても悪いのは自分だ。その場で食べる時は自分で電子レンジで温める。「電子レンジ、使ってもいいですか」「おはし、もらってもいいですか」といちいち聞かなくてもいい。宅配便を送る時も、自分で機械に入力し、重さを測り、シールを貼る。店員の仕事はレジでお金を受け取るだけだ。

　一方、日本のコンビニは「おもてなし」型だ。弁当を買えば、店員が「こちら、温めますか」「おはしはおつけしますか」と聞いてくる。弁当はたいてい店員が温めてくれる。また、日本のコンビニでは何も買わなくてもトイレを借りることができる。コンビニのトイレは、いつ、誰が入ってもいいようにきれいに掃除されている。「日本へ旅行に行ってトイレに困ったら、コンビニへ！」という人もいるぐらいだ。

　日本のコンビニに入ると、サービスがいいな、親切だなと思う一方で、あまりにも細かくて面倒だな、韓国のほうが気楽だなと思うこともある。みなさんは、どちらのコンビニがいいだろうか。

신출단어&표현

温める あたた 따뜻하게 하다, 데우다
石けん せっ 비누
置く お 놓다, 두다
おにぎり 주먹밥
種類 しゅるい 종류
違う ちが 다르다, 틀리다
カップラーメン 컵라면
ストロー 빨대
電子レンジ でんし 전자레인지
機械 きかい 기계
測る はか 재다, 측정하다
レジ 카운터
一方 いっぽう 한편
たいてい 대개
困る こま 곤란하다, 난처하다
面倒だ めんどう 번거롭다, 성가시다

(お)菓子 かし 과자
電池 でんち 건전지
思い浮かべる おも う 떠올리다
スイーツ 단 과자나 디저트
並ぶ なら 늘어서다, 진열되다
セルフ 셀프(self)
カウンター 카운터
取る と 잡다, 집다
いちいち 하나하나, 일일이
入力する にゅうりょく 입력하다
シール 실, 스티커, 운송장
受け取る う と 받다, 수취하다
おもてなし 대접, 환대
また 또한, 게다가
あまりにも 너무나도
気楽だ きらく 마음이 편하다

文具 ぶんぐ 문구
実に じつ 실로, 참으로
弁当 べんとう 도시락
あげる (예로) 들다
サービス 서비스
~型 がた ~형
(お)はし 젓가락
場 ば 장소, 곳
宅配便 たくはいびん 택배
重さ おも 무게
貼る は 붙이다
~だけ ~뿐, ~만
つける 붙이다
掃除する そうじ 청소하다
細かい こま 세심하다

내용 체크

본문을 읽고, 맞는 것에 ○를 해 주세요.

① 日本のコンビニには、多くの種類の食べ物がある。　　　　　　　　　　（　　）
② 韓国のコンビニで食べ物を買ったら、店員が電子レンジで温めてくれる。（　　）
③ 日本のコンビニは「セルフ」型のサービスが多い。　　　　　　　　　　（　　）
④ 日本のコンビニでは、何も買わなくてもトイレを借りることができる。　（　　）
⑤ 韓国のコンビニはサービスがいいが、細かすぎることも多い。　　　　　（　　）

포인트 정리

1   ～といえば   ~라고 하면

명사, 동사 등에 붙어, 그 명사에 관해 연상되는 대표적인 것이나, 가장 먼저 떠오르는 생각 등을 말할 때 쓴다.

◉ コンビニといえばおにぎりを思い浮かべる人が多いだろう。

夏といえば海でしょう。

2   ～をはじめ   ~을 비롯하여

명사에 붙어, 처음에 대표적인 것을 말하고 그 다음에 같은 예를 나열할 때 사용한다.

◉ コンビニにはお菓子や飲み物をはじめ、文具など多くのものが置かれている。

社長をはじめ、社員一同お客様のご来店をお待ちしております。

※ 뒤에 명사를 수식하는 경우에는 「명사 + をはじめとする + 명사」의 형태로 쓴다. 이 경우, '~을 비롯한 ~'라고 해석한다.

◉ 世界の経済の中心は、欧米から中国をはじめとするアジアへ移りました。

無事に退院できたのは、院長先生をはじめとするスタッフの皆様のおかげです。

| 신출단어 |

一同 일동   **お客様** 손님   **(ご)来店** 내점, 가게에 방문함   **中心** 중심   **欧米** 구미, 유럽과 미국   **アジア** 아시아
移る 옮기다, 이동하다   **無事** 무사히   **退院する** 퇴원하다   **院長** 원장   **スタッフ** 스태프, 담당자   **皆様** 여러분

3   〜なくてもいい   ~지 않아도 좋다, 괜찮다

동사의 ない형에 붙어, '~할 필요가 없다', '~하지 않아도 상관없다, 괜찮다'라는 의미를 나타낼 때 쓴다.

- 彼の意見は聞かなくてもいい。

  今日は学校に行かなくてもいい。

4   〜一方で   ~하는 한편, 반면

동사의 사전형에 붙어, '어떤 일을 행함과 동시에'라는 의미를 나타낸다. 뒤에는 그것과는 다른 일도 하고 있다는 표현이 온다.

- 日本のコンビニは、サービスがいいなと思う一方で、面倒だなと思うこともある。

  彼女はダイエットをしていると言う一方で、毎晩ビールを飲んでいる。

※「동사의 사전형+一方だ」: 상황이 어떤 일정한 방향으로 점점 진행되어, 멈추지 않는 것을 나타낸다. 좋지 않은 일을 나타내는 경우가 많다. '계속 ~하기만 한다'라는 의미로 해석된다.

- 最近、円は安くなる一方だ。

  ３ヶ月前から、野菜の値段は上がる一方だ。

신출단어

意見 의견   **毎晩** 매일 밤   **上がる** 오르다, 올라가다

연습문제

1   □ 안에서 알맞은 표현을 골라 (   ) 안에 넣어 주세요.

① あの店は、味も（　　　　　）もいい。
② 最近は、（　　　　　）方式のガソリンスタンドが大半だ。
③ この水筒は（　　　　　）がついているので、小さな子どもでも飲みやすい。
④ お待ちのお客様は、こちらの（　　　　　）へどうぞ。
⑤ ケーキ、プリン…この頃のコンビニの（　　　　　）は、本当においしい。

| カップ | サービス | シール | スイーツ |
| ストロー | セルフ | トイレ | レジ |

2   □ 안에 있는 문형을 골라, (   ) 안에 알맞은 형태로 넣어 주세요.

① この国には、豊かな人がいる（　　　　　）、明日食べるものがない人もいる。
② 結婚式には、学生時代の先生（　　　　　）、たくさんの人が出席してくれた。
③ 日本の花（　　　　　）、桜を思い浮かべる人が多い。
④ 最近はどこでもカードが使えるので、現金を持ち歩か（　　　　　）。

|　～といえば　　～をはじめ　　～なくてもいい　　～一方で　|

신출단어

味 맛　方式 방식　ガソリンスタンド 주유소　大半 대부분　水筒 수통　つく 붙다, 딸리다　小さな 작은
お待ち 기다림　プリン 푸딩　この頃 요즘, 최근　豊かだ 풍요롭다　結婚式 결혼식　学生時代 학창시절　桜 벚꽃
カード 카드　現金 현금　持ち歩く 들고 다니다

3 　제시된 단어를 사용하여, 올바른 문장을 만들어 주세요.

　① （明日／休み／早く／起きる）

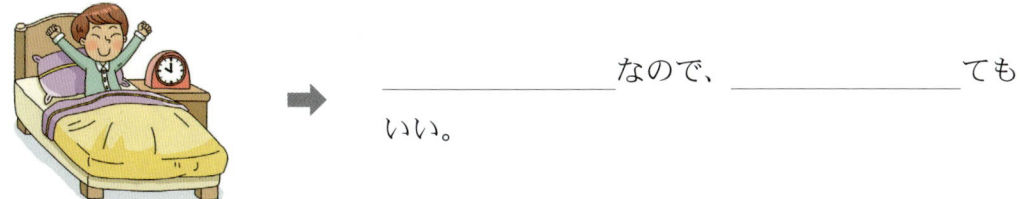

_____なので、_____てもいい。

　② （お金／バッグ／高い／ない／言う／いくつも）

彼女は_____一方で、
いっぽう
_____買っている。

4 　선으로 연결하여 올바른 문장을 만들어 주세요.

㋐ このクラスには金さんを　・
　　　キム
　　はじめ、

㋑ 英語が話せるといえば、　・

　　　　　　　　　　　　　　・Ⓐ 山田さんから聞いた。
　　　　　　　　　　　　　　　　やまだ
　　　　　　　　　　　　　　・Ⓑ 山田さんが一番だろう。
　　　　　　　　　　　　　　　　　　　いちばん
　　　　　　　　　　　　　　・Ⓒ 山田さんやアンさんなど英語が
　　　　　　　　　　　　　　　　できる人がたくさんいる。

| 신출단어 |

バッグ 백, 가방

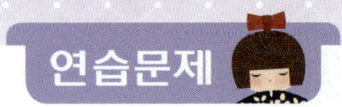

5 아래 표 안에서 세로(↓), 가로(→), 대각선(↘) 방향으로 한자 단어를 찾아 주세요.

種	類	聞	機
型	店	浮	械
国	親	時	重
日	切	面	倒

6 올바른 한자 읽기를 골라 ○를 해 주세요.

コンビニには、カップラーメンや弁当（べんとう・べんどう）、牛乳（ぎゅにゅう・ぎゅうにゅう）など多くのものが並んでいる。食べ物は電子レンジで温（あたた・あただ）めることもできるし、文具（ぶんぐ・むんぐ）や石けんなども置いてある。宅配便（たくはいびん・たっはいぴん）を送ることもできる。

함께하기

● コンビニでも人気の「和風ツナマヨおにぎり」を作ってみよう。

材料

ツナ缶（小）	1缶
しょうゆ	少々
マヨネーズ	大さじ1
ご飯	適量
のり	適量
塩	適量

作り方

1. ツナは油を切って、しょうゆとマヨネーズを混ぜる。
2. 塩を手につけてご飯を手のひらにのせる。
3. ご飯の真ん中にツナをのせる。
4. ツナが隠れるように握る。
5. のりでご飯を巻く。

신출단어

和風 일본식, 일본풍　**ツナ** 다랑어, 참치　**マヨネーズ** 마요네즈　**ツナ缶** 참치캔　**小** 소, 작음　**〜缶** 〜캔, 〜통
しょうゆ 간장　**少々** 조금　**大さじ** 큰 숟가락　**適量** 적량, 적당량　**のり** 김　**塩** 소금　**油** 기름　**切る** (수분 등을) 빼다
混ぜる 넣어 섞다, 혼합하다　**手のひら** 손바닥　**のせる** 위에 얹다, 놓다　**真ん中** 한가운데　**隠れる** 숨다
握る 쥐다, 잡다　**巻く** 감다, 말다

쉬어가기 — 시험 접수처에서

コンビニ

일본 편의점에는 음료수, 도시락, 잡지 같은 상품 구입 외에 우편 업무, 공과금 납부, 택배 수령이 가능하고, 멀티복사기(マルチコピー機)가 있어 복사, 사진 인화, 프린트, 스캔, 팩스, 티켓 발매, 고속버스 티켓 발권, 항공권 결제, 행정 서비스 등이 가능하다. 또한, 일부 편의점에는 증명 사진 기기가 있는 곳이 있으며, 세탁 서비스인 'クリーニング' 서비스가 되는 곳도 있다.

2

次は、新宿です

학습 포인트

1. ～にかけて
2. ～きれない
3. ～ようとする
4. ～に対して

次は、新宿です

Track 02

　バスや地下鉄、電車は、私たちの通勤や通学に欠かせない。毎朝電車に乗って通勤・通学をする人も多いだろう。

　日本で電車や地下鉄に乗ると、車掌さんのアナウンスがよく聞こえてくる。「次は、新宿です」「丸ノ内線はお乗り換えでございます」など、案内をするのはもちろんだが、時々、車掌さんの優しい心が見える時がある。朝には「元気でいってらっしゃい」という一言をかけてくれる。最終電車では「今日もお疲れ様でした」というアナウンスをしてくれる車掌さんもいる。

　さらに、春に、地上を走る電車に乗ると、「左をごらんください。桜の花が満開でございます」と観光ガイドのようなアナウンスが聞けることもある。また、日本では、子どもたちが外から電車に向かって手を振ることがよくあるが、そんな時は必ず手を振り返してくれる。

　こんな話もある。早朝から午前9時ごろにかけてのラッシュアワーには、電車に乗りきれない人がホームにあふれる光景がよく見られる。朝はみんな急いでいるので、満員電車の中にむりやり乗ろうとする乗客もいる。その時、車掌さんが「ドアが閉まります」と言うより「ドアを閉めます」と言う方が、乗客のかけこみ乗車が減ったそうだ。車掌さんの心がよくわかる表現だからかもしれない。

　これに対して、韓国の地下鉄では録音された音声案内だけが流れることが多かった。しかし、最近は少しずつ「お疲れ様でした」とか「いってらっしゃい」と言ってくれる車掌さんが増えてきた。

　私たちの安全と幸せのために働いてくれる車掌さん。電車に乗った時、車掌さんの姿に注目してみるのはどうだろうか。

신출단어&표현

新宿 しんじゅく 신주쿠〈지명〉	通勤 つうきん 통근	通学 つうがく 통학
欠かす か 빠뜨리다, 빼다	車掌(さん) しゃしょう 차장	アナウンス 아나운스, 방송함
丸ノ内線 まるのうちせん 마루노우치선〈전철 노선〉	乗り換え のか 갈아탐, 환승	案内 あんない 안내
優しい やさ 상냥하다, 부드럽다	一言 ひとこと 한마디	かける (말을) 걸다
最終電車 さいしゅうでんしゃ 마지막 전철	さらに 또한, 그 위에	地上 ちじょう 지상
走る はし 달리다	左 ひだり 왼쪽	満開 まんかい 만개, 활짝 핌
観光 かんこう 관광	ガイド 가이드	向かう む 향하다
振る ふ 흔들다	振り返す ふかえ 되돌려 흔들다	早朝 そうちょう 이른 아침, 조조
ラッシュアワー 러시아워	ホーム 플랫폼	あふれる 넘치다
光景 こうけい 광경	急ぐ いそ 서두르다	満員電車 まんいんでんしゃ 만원전철
むりやり 억지로	乗客 じょうきゃく 승객	閉まる し 닫히다
閉める し 닫다	かけこみ乗車 じょうしゃ 무리한 승차(승차 다이빙)	減る へ 줄다
表現 ひょうげん 표현	録音する ろくおん 녹음하다	音声 おんせい 음성
流れる なが 흐르다	増える ふ 늘다	安全 あんぜん 안전
幸せ しあわ 행복	働く はたら 일하다	姿 すがた 모습
注目する ちゅうもく 주목하다		

내용 체크

본문을 읽고, 맞는 것에 ◯를 해 주세요.

① 日本の電車や地下鉄では車掌さんのアナウンスがよく聞こえる。　　（　　）
② 車掌さんが話すのは乗り換えの案内だけだ。　　（　　）
③ 日本では、ラッシュアワーは早朝から午後まで続く。　　（　　）
④ 「ドアを閉めます」というと、かけこみ乗車が減った。　　（　　）
⑤ 韓国では車掌さんがアナウンスをしない。　　（　　）

포인트 정리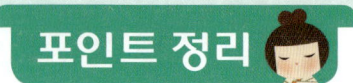

1 〜にかけて 〜에 걸쳐서

공간적 또는 시간적인 범위를 나타낼 때 쓴다. 두 가지 이상의 범위에 일이 걸쳐져 있을 때 사용한다. 다른 한 쪽 범위는 「〜から」를 사용한다.

예 平日の午前7時から午前9時ごろにかけてのラッシュアワーには電車に乗りたくない。

明日は東北から北海道にかけて大雪になるでしょう。

※「〜にかけて」는 공간적, 시간적 범위의 양극이 막연한 경우에 사용된다. 양극이 확실한 경우는「〜まで」를 쓴다.

비교 10時から1時にかけて授業がある。（×）

10時から1時まで授業がある。（○）

2 〜きれない 〜할 수 없다

동사의 ます형에 붙어, 불가능을 나타낸다. '양이 많아서, 완벽하게 할 수가 없다'라는 의미를 나타낸다. 수량이나 정도를 나타내는 표현이나 동사와 함께 쓰이는 경우가 많다.

예 ラッシュアワーには、電車に乗りきれない人がホームにあふれている。

コンサート会場には数えきれないほどの人々が集まっていた。

| 신출단어 |

平日 평일　**東北** 도호쿠(동북지방)　**大雪** 대설　**コンサート** 콘서트　**会場** 회장, 공연장　**数える** 세다, 헤아리다
ほど 정도, 만큼

3 〜ようとする ~하려고 하다

동사의 의지형에 붙어 그 동작이나 행위를 실현하고자 노력하거나, 시도해 보는 경우에 쓴다.

> 満員電車にむりやり乗ろうとする乗客もいる。
>
> シャワーを浴びようとした時、電話がかかってきた。

4 〜に対して ~에 대해서

명사에 붙어, 그 명사를 대상으로, '그것에 대항해서, 그것에 대해서, 그것에 상대하여'라는 의미를 나타낸다. 앞뒤 문장을 대비적으로, 대조적으로 설명할 때도 사용한다.

> 日本で地下鉄に乗ると、車掌さんのアナウンスがよく聞こえてくる。これに対して、韓国の地下鉄では録音された音声案内だけが流れることが多い。
>
> 目上の人に対して、丁寧な言葉を使いましょう。

※「〜に対して」와 마찬가지로 「〜について」도 '~에 대해서'로 해석된다. 하지만, 「〜に対して」가 '그것에 대항하여, 상대하여'라는 의미인 것에 반해, 「〜について」는 그것 자체에 관련된 것을 말하거나, 질문할 때 등에 사용한다.

> [비교] 今日は環境問題についてお話ししたいと思います。（○）
>
> 今日は環境問題に対してお話ししたいと思います。（×）

신출단어

かかる 걸리다   目上 윗사람   丁寧だ 정중하다   環境 환경

연습문제

1 □ 안에서 알맞은 표현을 골라 ( ) 안에 넣어 주세요. 필요하면 형태를 바꿔 주세요.

① 私は銀行で（　　　　　）いる。

② 部屋の中から、母の声が（　　　　　）きた。

③ 最近、寄付をする人が（　　　　　）いる。

④ 困ったことがあったら、声を（　　　　　）ください。

⑤ 朝のラッシュアワーはみんな（　　　　　）いる。

```
増える      閉める      聞こえる      急ぐ
流れる      働く        かける        あふれる
```

2 □ 안에 있는 문형을 골라, ( ) 안에 알맞은 형태로 넣어 주세요.

① 水曜日から週末（　　　　　）雨が降るそうです。

② 田舎の母から、食べ（　　　　　）ほど、野菜が届きました。

③ 日本人の平均寿命は男性が78歳なの（　　　　　）、女性は83歳だ。

④ 出かける前、かぎをかけ（　　　　　）時、財布を忘れたことに気がついた。

```
～きれない    ～にかけて    ～に対して    ～ようとする
```

| 신출단어 |

寄付 기부　**田舎** 시골, 고향　**届く** 도착하다　**平均** 평균　**寿命** 수명　**～歳** ～세, ～살　**財布** 지갑　**気がつく** 깨닫다

3 제시된 단어를 사용하여, 올바른 문장을 만들어 주세요.

① (多すぎる／出る／漢字／覚える／テスト)

➡ _____て、
_____きれない。

② (水／降る／雨／やる／花／〜てくる)

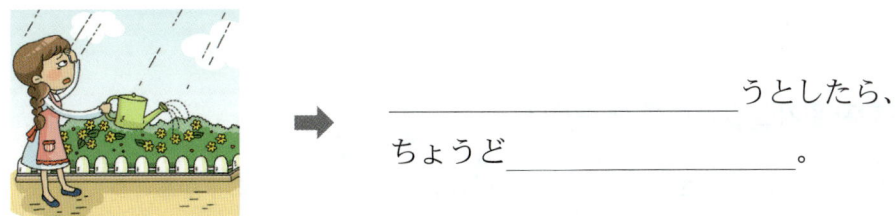
➡ _____うとしたら、
ちょうど_____。

4 선으로 연결하여 올바른 문장을 만들어 주세요.

㋐ 兄はスポーツが好きなのに対して　・　　・Ⓐ 弟の趣味はサッカーだ。

　　　　　　　　　　　　　　　　　　　・Ⓑ 弟は絵を描くのが得意だ。

㋑ 今週から来週にかけて　　　　　・　　・Ⓒ 弟が海外旅行に行きます。

| 신출단어 |

サッカー 축구　得意だ 잘하다

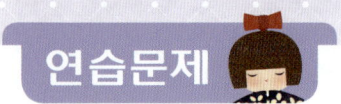

5 아래 표 안에서 가로(→), 세로(↓), 대각선(↘) 방향으로 한자 단어를 찾아 주세요.

満	声	聞	子
地	員	光	景
下	左	電	様
鉄	案	内	車

6 올바른 한자 읽기를 골라 ○를 해 주세요.

通勤（ちゅうきん・つうきん）や通学はもちろん、観光（かんこ・かんこう）や旅行の時にも電車を利用する。東京の新宿駅で乗ったり降りたりする乗客（じょうかく・じょうきゃく）の数は一日360万人以上だそうだ。ホームに人があふれる光景（こうけい・こうけ）もよく見られる。それでも電車は、安全（あんぜ・あんぜん）に移動できるので、とても便利だ。

│ 신출단어 │

移動する 이동하다

함께하기

● 車掌さんのアナウンスを心を込めて読んでみよう。
　しゃしょう　　　　　　　　　　　　こころ こ

今日が素敵な一日になりますように
　　　すてき いちにち
気をつけていってらっしゃいませ。
き

今日はあいにくの雨ですが、
皆様の一日がいい日であります
みなさま　　　　　　　ひ
ように…いってらっしゃい。

外の気温が30℃を越えて
そと きおん
おります。熱中症など、
　　　　ねっちゅうしょう
お気をつけてお過ごし
　　　　　　　す
ください。

気温が下がっていますので、
　　　さ
風邪などひかないよう気をつけて
かぜ
いってらっしゃいませ。

今日はこれから気温がぐっと上がるようです。
　　　　　　　　　　　　　　あ
お帰りの際は、コートやマフラーなど
　かえ　さい
お忘れになりませんよう、お気をつけて
　わす
いってらっしゃいませ。

| 신출단어 |

心を込める 마음을 담다　**素敵だ** 멋지다　**あいにく** 공교롭게도　**外** 밖　**気温** 기온　**熱中症** 일사병
　こころ こ　　　　　　　　すてき　　　　　　　　　　　　　　　　　そと　　　きおん　　　ねっちゅうしょう
過ごす 보내다, 지내다　**下がる** 내리다, 내려가다　**風邪をひく** 감기에 걸리다　**ぐっと** 한층, 훨씬　**際** 때, 즈음
　す　　　　　　　　　　　さ　　　　　　　　　　　　　　かぜ　　　　　　　　　　　　　　　　　　　　　　　さい
コート 코트

2 次は、新宿です | 27

쉬어가기 — 전철 안에서

일본의 전철은 지역별로 매우 다양한 회사에서 운영을 맡고 있다. 이에 따라 전철을 환승할 때 별도의 승차권을 구입해야 하는 경우가 많으며, 한국의 수도권에서 운영되는 환승 혜택 또한 없다. 한국과 비슷한 교통카드가 존재하기는 하나 매번 별도의 승차권을 구입해야 하는 번거로움을 덜어주는 것뿐이다.

3
何名様ですか

학습 포인트

1. ～によって
2. ～づらい
3. ～を超（こ）えて
4. ～てはじめて

何名様ですか
なんめいさま

Track 03

「いらっしゃいませ。何名様ですか」

「あ、一人ですけど」

　レストランや喫茶店で必ず聞かれるこの質問に「一人」と答える時、何となく恥ずかしいと感じたことがある人もいるかもしれない。映画、旅行、カラオケ、コンサート、食事…。これらの中であなたが一人でも気にならない場所はいくつあるだろうか。もしかしたら、同じ「食事」でも、注文するものや店の種類によって平気な所と入りづらい所があるかもしれない。

　2000年代初め、あるエッセイの中で、「自分一人の時間や生活を楽しむことができる「個」を確立した女性になろう」という意味で「おひとりさま」という言葉が使われ、やがてテレビや雑誌で取り上げられるようになった。それまでも韓国よりは日本のほうが一人で行動する女性は多かった。しかし、一人では行動しづらいと思う女性も少なくなかった。

　「おひとりさま」という言葉がはやり出すと、一人参加のバスツアー、一人カラオケ専門店、一人焼肉店などが次々と誕生した。居酒屋やカラオケで「一人です」と言っても、店員に「えっ？」という顔をされることも少なくなった。女性が一人で行動できる場が急速に、格段に広がったのだ。そして、「おひとりさま」という言葉は、今や女性だけでなく、年代や性別を超えて使われるようになった。

　そうは言っても、一人では行動しづらいと思う人もまだ少なくはないようだ。また、「一人で行動してみてはじめて友だちの大切さを知った」という声もある。しかし、「いつも友だちと一緒」の世の中から「複数でも、一人でも」の世の中に変わったことは、決して悪いことではないように思う。

신출단어&표현

何名様(なんめいさま) 몇 분	喫茶店(きっさてん) 커피숍, 다방	質問(しつもん) 질문
答える(こた) 대답하다	何となく(なん) 왠지 모르게, 어쩐지	恥ずかしい(は) 부끄럽다
カラオケ 노래방, 가라오케	気になる(き) 걱정되다	もしかしたら 어쩌면
平気だ(へいき) 아무렇지도 않다, 편안하다	所(ところ) 곳, 장소	～年代(ねんだい) ~년대
エッセイ 에세이, 수필	楽しむ(たの) 즐기다	個(こ) 한 사람, 하나의 물건, 개인
確立する(かくりつ) 확립하다	おひとりさま 혼자, 한 분	やがて 머지않아, 곧
取り上げる(と あ) 거론하다, 채택하다	行動する(こうどう) 행동하다	はやり出す(だ) 유행하기 시작하다
参加(さんか) 참가	バスツアー 버스 투어	専門店(せんもんてん) 전문점
焼肉店(やきにくてん) 불고기 가게	次々と(つぎつぎ) 계속해서, 연이어	誕生する(たんじょう) 탄생하다
居酒屋(いざかや) 선술집	顔をする(かお) 얼굴을 하다, 표정을 짓다	急速に(きゅうそく) 급속히
格段に(かくだん) 현격히	広がる(ひろ) 퍼지다	今や(いま) 이제는, 이미
性別(せいべつ) 성별	そうは言っても(い) 그렇다고 해도	声(こえ) (목)소리
世の中(よ なか) 세상, 시대	複数(ふくすう) 복수, 여럿	決して(けっ) 결코
～ように思う(おも) ~하는 것 같다		

내용 체크

본문을 읽고, 맞는 것에 ○를 해 주세요.

① 「おひとりさま」は、友だちがいなくて、一人で行動する人のことを言う。　　　　(　　　)
② 一人ではレストランや喫茶店に入りにくいと感じる日本人もいる。　　　　(　　　)
③ 「おひとりさま」という言葉は、2000年より前に広まった言葉だ。　　　　(　　　)
④ 「おひとりさま」という言葉は、最初は女性だけに使われていた言葉だ。　　　　(　　　)
⑤ いつも友だちと一緒に行動することは、恥ずかしいことだ。　　　　(　　　)

포인트 정리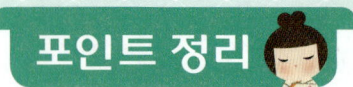

1　～によって　～에 따라서

명사에 붙어, '사람, 장소, 경우, 시간 등에 따라서 다르다'라는 것을 나타낼 때 사용한다.

● 食事の種類によっては一人で食べられない所もある。

　国によって食事のマナーが違う。

※「～によって」는 위의 용법 외에 근거, 원인, 수단 등 다양한 의미를 나타낸다.

● 彼の証言によって真実が明らかになった。(근거)

　ストレスによって生じる症状は様々である。(원인)

2　～づらい　～하기 어렵다, 힘들다

동사의 ます형에 붙어, 심정적으로 '그렇게 하는 것이 괴롭다, 어렵다, 미안하다'라는 기분을 포함하는 경우가 많다. 이런 의미는 형용사 「つらい(괴롭다, 힘들다, 고통스럽다)」에서 기인한다고 볼 수 있다.

● 店によっては一人で入りづらい所もあるかもしれない。

　ちょっと言いづらいことなんですが…。

※「～づらい」는 주로 심적으로 힘든 것, 「～にくい」는 물리적, 생리적으로 곤란한 것을 나타낸다.

[비교] この靴はサイズが小さくて、歩きにくい。

[신출단어]

証言 증언　**真実** 진실　**明らかだ** 분명하다　**ストレス** 스트레스　**生じる** 일어나다, 생기다　**症状** 증상
様々だ 다양하다, 여러 가지다　**靴** 신발, 구두

3　～を超(こ)えて　～을 넘어서

명사에 붙어, '장소, 시간 등을 넘어서, 초월해서'라는 의미를 나타낸다.

- 예 「おひとりさま」という言葉(ことば)は、今(いま)や年代(ねんだい)や性別(せいべつ)を超(こ)えて使(つか)われるようになった。

  その曲(きょく)は時代(じだい)を超(こ)えて愛(あい)されている。

4　～てはじめて　～하고 나서야

동사의 て형에 붙어, て형 앞에 붙은 일이 일어나고, 그것을 계기로 그 다음에 다른 일이 일어나는 것을 나타낼 때 쓴다. て형에 붙은 일이 필수적으로 일어나야만 그 다음 일이 생긴다는 전후관계를 나타낸다.

- 예 一人(ひとり)で行動(こうどう)してみてはじめて友(とも)だちの大切(たいせつ)さを知(し)った。

  就職(しゅうしょく)してはじめて、お金(かね)の大切(たいせつ)さがわかった。

※「～てから(~하고 나서)」는「～てはじめて」와 마찬가지로 시간적 전후관계를 나타내지만,「～てはじめて」와 같이 て형 앞에 붙는 일이 필수적이지는 않다. 다시 말해,「～てから」는 단순한 시간적 전후관계를 나타낸다.

- 비교 勉強(べんきょう)をしてから、テレビを見(み)た。（〇）

  勉強(べんきょう)をしてはじめて、テレビを見(み)た。（✕）

| 신출단어 |

曲(きょく) 곡　**時代(じだい)** 시대　**愛(あい)する** 사랑하다　**就職(しゅうしょく)する** 취업하다, 취직하다

연습문제

1 □ 안에서 알맞은 표현을 골라 (　) 안에 넣어 주세요.

① 申し込む前に（　　　　）こちらの案内をお読みください。
② 新しい社長になってから、会社の先輩たちが（　　　　）やめていった。
③ 理由はわからないが、（　　　　）彼女のことが好きになれない。
④ （　　　　）進む少子化の問題について、もっと考えなければならない。
⑤ これから話すことは、ほかの人に（　　　　）言ってはいけない。

| 必ず | 決して | ずっと | 次々と |
| 何となく | 格段に | 急速に | 今や |

2 □ 안에 있는 문형을 골라, (　) 안에 알맞은 형태로 넣어 주세요.

① 話に聞くだけでなく、自分でやってみ（　　　　）気がつくこともある。
② 色の見え方は人（　　　　）違うそうだ。
③ おもしろい小説やアニメは、国境（　　　　）広がっていく。
④ 最近、小さい音が聞こえ（　　　　）なったように思う。

| ～によって　　～づらい　　～を超えて　　～てはじめて |

신출단어

申し込む 신청하다　**少子化** 출생률이 저하하여 어린이의 숫자가 계속 감소하는 것　**小説** 소설　**国境** 국경

3 제시된 단어를 사용하여, 올바른 문장을 만들어 주세요.

① (友だち／悩み／将来／話す)

➡ _____は_____にも_____づらい。

② (世代／みんな／スポーツ／楽しめる)

➡ ジョギングは、_____を超えて、_____です。

4 선으로 연결하여 올바른 문장을 만들어 주세요.

㉠ 病気をしてはじめて　　・　　・Ⓐ 健康の大切さがわかった。

　　　　　　　　　　　　　　・Ⓑ 健康についての考え方が大切だ。

㉡ 年齢によって　　　　　・　　・Ⓒ 健康に対する考え方も違う。

| 신출단어 |

悩み 고민　　世代 세대　　年齢 연령

연습문제

5 아래 표 안에서 가로(→), 세로(↓), 대각선(↘) 방향으로 한자 단어를 찾아 주세요.

確	居	酒	屋
様	立	悪	門
世	誕	旅	複
次	食	事	数

6 올바른 한자 읽기를 골라 ○를 해 주세요.

「おひとりさま」という言葉がはやると、女性（じょせい・じょうせい）が一人で行動（こうどう・こうとう）する場（じょう・ば）が急速に広がり、今では、年代（ねんたい・ねんだい）や性別（せいべつ・せいぼつ）を超えて使われるようになった。

함께하기

●あなたは一人でできますか。

一人でできる？

(○：できる、×：できない)

コーヒーショップに入る		バイキングに行く	
ファストフード店に入る		旅行に行く	
映画館で映画を見る		プリクラをとる	
カラオケに行く		遊園地に行く	
水族館・動物園に行く		店で焼肉を食べる	

おひとりさま度

・○が７つ以上：あなたは完璧なおひとりさまです。
・○が４〜６つ：ほかのおひとりさまにも挑戦してみよう。
・○が３つ以下：まだおひとりさまは無理かもしれません。

Q：上の項目以外に一人でしてみたいことがありますか。

A：_____。

신출단어

コーヒーショップ 커피숍　**ファストフード店** 패스트푸드점　**水族館** 수족관　**動物園** 동물원
バイキング 바이킹, 뷔페　**プリクラ** 스티커 사진　**遊園地** 유원지　**完璧だ** 완벽하다　**挑戦する** 도전하다
以下 이하　**項目** 항목

쉬어가기 — 학생식당에서

ぼっち

'ぼっち'는 '혼자'라는 뜻으로 '一人ぼっち'가 축약된 표현이다. 일본은 전체 가구 비중에서 1인가구의 비중이 30%를 넘어서면서, 이들을 위한 상품과 서비스도 다양하게 쏟아져 나오고 있다. 이와 관련된 신조어도 생겨나고 있으며, 혼자 먹는 밥을 'ぼっち飯'라 한다. 최근 젊은 사람들에게 이런 경향이 보여지며, 이런 추세를 반영해 학생식당에도 높은 칸막이가 쳐진 자리에 혼자 앉아 밥을 먹는 'ぼっち席'가 생겨났으며, 이를 도입하는 학교가 늘고 있다고 한다.

4

そのジェスチャー、どんな意味？

학습 포인트

1. 〜たところ
2. 〜に関して
3. 〜からといって
4. 〜ではないだろうか

そのジェスチャー、どんな意味？

Track 04

　大学や語学学校では、様々な国からの留学生と会うことができる。彼らと一緒に授業を受けていると、おもしろいことに気がつく。

　先生に質問したい時や、自分の意見を言いたい時、学生は手をあげてから発言する。その手のあげ方が、みんな違うのだ。

　国ごとに学生に聞いてみたところ、日本の学生は、じゃんけんの「パー」のように開いた手のひらを、相手に向けてまっすぐあげる。韓国の学生はこれと同じ人もいるが、手を握って拳を作って手をあげるという人も多い。

　アメリカの学生は、手を軽く握って、人差し指だけ伸ばして手をあげたり、ペンを持ったまま手をあげたりする学生もいる。モンゴルの学生は、机の上にひじを置いて手のひらが横になるように手をあげる。これは、ロシアや中国でも同じようだ。

　手のあげ方に関しては、どこの国でも、小学生の時に手をあげる方法を教わったという学生が多い。アメリカの学生が人差し指を伸ばすのは、自分に意見があることを知らせるという意味だ。モンゴルでは手を全部あげるのは目上の人に失礼だから、ひじをついて手をあげるそうだ。

　また、誰かに何かを聞かれてイエスかノーで答える時。韓国人も日本人も、イエスの時は首を縦に振り、ノーの時は横に振る。しかし、インドでは、イエスの時は首を横に振り、ノーの時は縦に振る。同じジェスチャーなのに、全く反対の意味を表すのは興味深い。

　外国の人と話したい時、言葉はもちろん大切だが、言葉が通じないからといってがっかりする必要はない。ジェスチャーのほんの少しの違いを理解して、笑顔で接してみれば、言葉以外のコミュニケーションができるのではないだろうか。

신출단어&표현

ジェスチャー 제스처, 몸짓, 손짓	語学学校(ごがくがっこう) 어학 학교	受(う)ける 받다
あげる 올리다, 들다	発言(はつげん)する 발언하다	～ごとに ～마다
じゃんけん 가위바위보	パー (가위바위보의) 보	開(ひら)く 펴다
向(む)ける 향하다	まっすぐ 똑바로, 곧장	拳(こぶし) 주먹
人差(ひとさ)し指(ゆび) 집게손가락	伸(の)ばす 펴다, 늘이다	モンゴル 몽골
ひじ 팔꿈치	横(よこ) 옆, 가로	ロシア 러시아
方法(ほうほう) 방법	教(おそ)わる 배우다	知(し)らせる 알리다
イエス 예스(yes)	ノー 노(no)	首(くび) 목
縦(たて) 세로	インド 인도	全(まった)く 전혀, 완전히
表(あらわ)す 나타내다	興味深(きょうみぶか)い 매우 흥미롭다	通(つう)じる 통하다
がっかりする 실망하다	必要(ひつよう) 필요	ほんの 그저, 아주, 겨우
笑顔(えがお) 웃는 얼굴	接(せっ)する 만나다, 접대하다	
コミュニケーション 커뮤니케이션, 의사소통		

✏️ 내용 체크

본문을 읽고, 맞는 것에 ○를 해 주세요.

① ジェスチャーは国によって違(ちが)うことがある。　　　　　　　　　(　　)
② 日本の学生はじゃんけんのパーのように手(て)のひら(ひら)を開いて手をあげる。(　　)
③ ロシア人の学生はペンを持(も)って手をあげる。　　　　　　　　　(　　)
④ モンゴル人の学生はまっすぐ手をあげる。　　　　　　　　　　　(　　)
⑤ インド人と韓国人は、イエスという時(とき)の首(くび)の振(ふ)り方(かた)が同じだ。(　　)

포인트 정리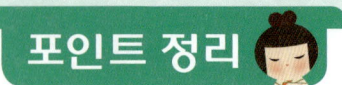

1 〜たところ 〜했더니

동사의 た형에 붙어, 뒤에 오는 일이 성립한 계기를 나타낸다. 뒤에 오는 일은 앞의 동작이 계기가 되어 화자가 알게 된 일이나 성립한 일이 온다.

- 예) 韓国の学生に聞いてみたところ、先生に質問したい時は拳を作って手をあげるという人が多い。

  ホテルに問い合わせたところ、その日は満室だという返事が来た。

※「〜たところ」는 동사의 た형에 붙어, 동작이나 변화가 그 직후의 단계라는 것을 나타낼 경우에도 쓰인다. '막~했다'라는 의미로 해석된다.

- 예) 今帰ってきたところだ。

  彼女はちょうどお皿を洗い終えたところだ。

2 〜に関して 〜에 관해서

명사에 붙어, 그 명사에 관련된 것에 대해서 말할 때 쓴다.

- 예) 手のあげ方に関しては、小学生の時に手をあげる方法を教わったという学生が多い。

  あの事件に関してわかることがあったら、連絡ください。

※「〜に関して」는 대부분의 경우, 「〜について」로 바꿔 쓸 수 있지만, 「〜に関して」가 약간 문어체적이다.

| 신출단어 |

問い合わせる 문의하다, 조회하다　**満室** 만실, 모든 방이 다 찼음　**返事** 답변　**お皿** 접시　**洗い終える** 다 씻다
事件 사건

3 ～からといって ~라고 해서

동사, 명사, 형용사에 붙으며, 뒤에 부정을 동반한 표현이 온다. '단지 그것만의 이유로'라는 의미를 나타낸다.

- 例 外国人と話したい時、言葉が通じないからといってがっかりする必要はない。

  安いからといっておいしくないとは言えない。

※ 「～からといって(~라고 하고)」는 다른 사람이 말한 이유를 인용할 때에도 쓰인다.

- 例 友だちは明日テストがあるからといって、早く家に帰った。

4 ～ではないだろうか ~지 않을까?

동사, 형용사, 명사에 붙어, 화자의 추측적 판단을 나타낸다. 화자의 추측을 완곡하게 표현할 때도 사용된다.

- 例 最近の日本のアニメには残酷な場面が多いのではないだろうか。

  もしかしたらこれはガンなのではないだろうか。

※ 정중한 표현으로는 「～ではないでしょうか」를 쓴다.

- 例 そろそろ決断の時ではないでしょうか。

| 신출단어 |

残酷だ 잔혹하다, 잔인하다 **場面** 장면 **ガン** 암 **決断** 결단

연습문제

1 □ 안에서 알맞은 표현을 골라 ( ) 안에 넣어 주세요.

① 発表の順番を（　　　　　）で決めた。
② モンゴルでは（　　　　　）を机の上に置いて手をあげる。
③ 田中さんの（　　　　　）に加藤さんがいます。
④ ずっと上を見ていたので（　　　　　）が痛くなりました。
⑤ 数字の「1」を表す時、私たちは（　　　　　）を伸ばします。

ひじ	人差し指	じゃんけん	横
手のひら	拳	縦	首

2 □ 안에 있는 문형을 골라, ( ) 안에 알맞은 형태로 넣어 주세요.

① この問題（　　　　　）は、もう一度考えてみなければならない。
② 国ごとに文化の違いを調べるとおもしろいの（　　　　　）。
③ 留学生に「好きな町」について聞いてみ（　　　　　）、1位は新宿だった。
④ 留学した（　　　　　）外国語が上手になるわけではない。

　　～たところ　　～に関して　　～ではないだろうか　　～からといって

신출단어

順番 순서　数字 숫자　～位 ～위

3 제시된 단어를 사용하여, 올바른 문장을 만들어 주세요.

① （結果／あきらめる／すぐに／必要／来る／面接／ない）

➡ ＿＿＿＿＿＿＿＿＿＿＿＿＿＿＿＿からといって、
＿＿＿＿＿＿＿＿＿＿＿＿＿＿＿＿。

② （大切だ／勉強／運動／バランス）

➡ 子どもたちには、＿＿＿＿＿＿＿＿＿＿＿＿
ではないだろうか。

4 선으로 연결하여 올바른 문장을 만들어 주세요.

㋐ スピーチ大会に出場して　・　　・ Ⓐ 語学学校に行くほうがいい。
　 みたところ、　　　　　　　　　・ Ⓑ 結果に自信がある

㋑ 先週の文法のテストに　　・　　・ Ⓒ 優勝することができた。
　 関しては、

| 신출단어 |

結果 결과　　**あきらめる** 단념하다, 체념하다　　**面接** 면접　　**バランス** 밸런스, 균형　　**スピーチ** 스피치　　**大会** 대회
出場する 출장하다, 출전하다　　**自信** 자신　　**優勝する** 우승하다

연습문제

5 아래 표 안에서 가로(→), 세로(↓), 대각선(↘) 방향으로 한자 단어를 찾아 주세요.

方	知	発	言
首	法	字	笑
縦	上	心	顔
語	学	学	校

6 올바른 한자 읽기를 골라 ○를 해 주세요.

様々（さまざま・さまさま）な国の人と接（せ・せっ）すると、ジェスチャーだけでなく言葉遣いが違うことにも気がつく。相手が目上（めうえ・もくじょう）かどうかで話し方を変える国もあれば、相手の年齢や立場を全（また・まった）く気にしない国もあって興味（きょみ・きょうみ）深い。

| 신출단어 |

言葉遣い 말씨, 말투　　**立場** 입장
ことばづか　　　　　　　たちば

| 함께하기 |

●韓国と日本のジェスチャーを比較してみよう。

① 数字の数え方（6，7，8の数え方）

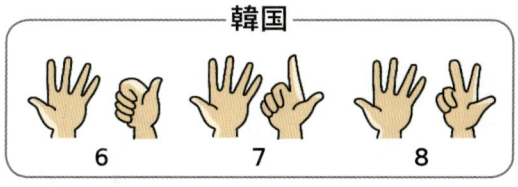
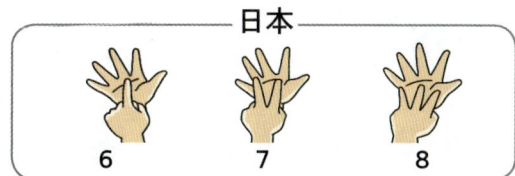

Q：どんなところが違いますか。

A：＿＿＿＿＿＿＿＿＿＿＿＿＿＿＿＿＿＿＿＿＿＿＿。

②タクシーの止め方

韓国　日本

Q：どんなところが違いますか。

A：＿＿＿＿＿＿＿＿＿＿＿＿＿＿＿＿＿＿＿＿＿＿＿。

| 신출단어 |

比較する 비교하다　止める 멈추다, 세우다

쉬어가기 — 식당에서 계산 후

招き猫

일본의 상점이나 식당에서는 한쪽 발(손)을 들고 있는 고양이 인형을 쉽게 볼 수 있다. 이를 '招き猫'라고 하는데, 이 이름은 '招く+猫'의 합성어로 '손짓하여 부르는 고양이'라는 의미이다. 招き猫는 행운의 상징으로 오른손을 들고 있으면 금전, 왼손을 들면 손님을 부른다고 한다. 고양이의 색으로도 그 의미가 조금씩 다른데, '黒い招き猫'는 부적의 의미로 금전적인 문제나 인간관계의 문제로부터 지켜준다고 하며, '赤い招き猫'는 건강, '金色の招き猫'는 금전운, 'ピンクの招き猫'는 연애운을 높여 준다고 한다.

5

何て読むの？

학습 포인트

1. ～がたい
2. ～得る
   え・う
3. ～によると
4. ～かねない

何て読むの？

Track 05

「ボク、お名前は？」

「元気！」

「そうじゃなくて、お名前は？」

昭和の終わり頃の話だ。当時は形容詞の名前はあまり多くなかったので、「元気」が名前だとわからない人もいた。中には受け入れがたい人もいたようだが、今ではめずらしい名前ではなくなった。

親は子にさまざまな願いを込めて名前をつける。名前は子どもの人生を左右し得る大切なものだ。日本では名前の漢字に親の願いを込める場合が多い。専門家によると、日本が貧しかった時代は、男の子には「茂」「実」など収穫に関する名前が、女の子には「幸子・幸子」のように「幸せ」を願う名前が多くつけられたそうだ。

この頃は個性的で覚えやすい名前が人気だという。そして自然に関する漢字が好まれるという。例えば「陽人」「美月・美月」「陽菜」などだ。

日本では、名前に使える漢字は法律で決まっているが、読み方については自由だ。例えば「歩」という漢字の場合、「あゆみ」と読む人もいるし、「あゆむ」と読む人もいる。「人」は「ジン」「ニン」「ヒト」と読むが、名前では「明人」のように「と」と読むことが多い。そして、最近ではこのような本来とは異なる読み方の名前が増えている。例えば「心」と「愛する」で「心愛」、「大空を翔る」で「大翔・大翔・大翔」などだ。

また、漢字に英語を当てた「海(marine)」やアニメからつけた「光宙」などもあるそうだ。しかし、あまりにも個性的な名前は、一歩まちがうといじめにもつながりかねない。いつの時代も、どこの国にも新しい名前や流行の名前はある。みなさんなら子どもにどんな名前をつけるだろうか。

신출단어&표현

何て 뭐라고
なん

昭和 쇼와(1926년 12월 25일부터 1989년 1월 7일까지의 일본의 연호)
しょうわ

形容詞 형용사
けいようし

親 부모님
おや

人生 인생
じんせい

貧しい 가난하다
まず

収穫 수확
しゅうかく

好む 좋아하다, 선호하다
この

自由だ 자유롭다
じゆう

大空 넓은 하늘, 창공
おおぞら

一歩まちがう 조금 잘못하다, 자칫 잘못하다, 자칫 실수하다
いっぽ

つながる 이어지다, 연결되다

ボク 너(보통 1인칭 남자를 나타내지만, 어른이 모르는 남자아이에게 말 걸 때의 호칭으로도 사용)

受け入れる 받아들이다
う い

願い 바람, 소원
ねが

左右する 좌우하다
さゆう

茂る 우거지다, 무성해지다
しげ

個性的だ 개성적이다
こせいてき

法律 법률
ほうりつ

本来 본래, 원래
ほんらい

翔ける (하늘 높이) 날다, 비상하다
か

流行 유행
りゅうこう

当時 당시
とうじ

めずらしい 드물다, 희귀하다

つける (이름을) 짓다, 붙이다

専門家 전문가
せんもんか

実る 열매를 맺다
みの

自然 자연
しぜん

決まる 정하다, 결정하다
き

異なる 다르다
こと

当てる 단지 소리에 맞게 한자를 달다
あ

いじめ 괴롭히는 것, 집단 따돌림

내용 체크

본문을 읽고, 맞는 것에 ○를 해 주세요.

① 日本が貧しかった時代は、形容詞の名前がよくつけられた。　　　　　(　　)

② 最近は、収穫に関する名前をつける人が多い。　　　　　　　　　　　(　　)

③ 日本では名前に使える漢字は決められている。　　　　　　　　　　　(　　)

④ 最近は、本来の漢字の読み方と違う読み方をさせる名前が見られる。　(　　)

⑤ 漢字に流行があるのは、日本だけのことではない。　　　　　　　　　(　　)

포인트 정리

1 〜がたい 〜하기 어렵다

동사의 ます형에 붙어, '실현되기 어렵다, 힘들다' 등을 나타낼 때 쓴다.

- 山田さんの意見は受け入れがたい。

  殺人は許しがたい犯罪だ。

※「〜にくい」「〜づらい」「〜がたい」는 모두 '어렵다, 힘들다'는 것을 나타내지만, 주로 「〜にくい」는 물리적 어려움, 「〜づらい」는 정신적(심리적) 어려움을 나타내는데 반해, 「〜がたい」는 '실현되기 어렵다, 할 수 없다, 불가능에 가깝다'라는 의미를 나타낸다.

- このカーテンは外から見えにくい。

  言いづらいことを上手に伝える方法を教えてください。

2 〜得る 〜할 수 있다

동사의 ます형에 붙어, '할 수 있다' 등의 가능성을 나타낼 때 쓴다. 「〜得る」가 기본형으로 쓰일 때는 「〜える／うる」둘 다 가능하지만, ます형이나 부정형일 때는 「〜えます／えない」와 같이 「得」로만 읽어야 한다는 점에도 주의가 필요하다. 「〜得ない」는 '〜할 수 없다'는 불가능을 나타낸다.

- 名前は子どもの人生を左右し得る大切なものだ。

  彼が結婚するなんてあり得ない。

※「〜得る」와 같이 「〜(ら)れる」도 가능성을 나타낼 수 있지만, 능력을 나타내는 경우에는 「〜得る」를 쓸 수 없다.

- 妹は中国語が読める。（○）

  妹は中国語が読み得る。（×）

| 신출단어 |

殺人 살인   **許す** 허가하다, 용서하다   **犯罪** 범죄   **カーテン** 커튼   **伝える** 전하다, 알리다

3 〜によると ~에 의하면

명사에 붙어, 다른 곳에서 들은 일의 출처를 말할 때 쓴다. 뒤에는 「そうだ」「らしい」와 같은 전문 표현이 자주 나타난다.

- 専門家によると、日本が貧しかった時代は、幸せを願う漢字が多く使われたそうだ。

  天気予報によると、明日は雨らしいよ。

4 〜かねない ~할 수 있다

동사의 ます형에 붙어, 가능성이 있음을 나타낸다. 하지만, 그 가능성은 부정적(마이너스적)인 평가의 경우에만 쓸 수 있다.

- あまりにも個性的な名前は、一歩まちがうといじめにもつながりかねない。

  このまま仕事を続けたら、病気になってしまいかねない。

※「〜かねない」는 부정적 평가의 가능성을 나타냄으로, 긍정적 가능성의 경우는 사용할 수 없으며, 이 경우는 「かもしれない」 등의 표현을 쓴다.

- [비교] 一生懸命勉強したら、試験に受かるかもしれない。（○）

  一生懸命勉強したら、試験に受かりかねない。（×）

[신출단어]

続ける 계속하다   **受かる** 붙다, 합격하다

연습문제

1   □ 안에서 알맞은 표현을 골라 (　) 안에 넣어 주세요. 필요하면 형태를 바꿔 주세요.

① 彼は、ミステリー小説を（　　　　　）読んでいるようだ。
② 彼女のこれまでの努力が今日の成功に（　　　　　）いる。
③ 娘の幸せを心から（　　　　　）いる。
④ 自分とは（　　　　　）意見に対しても、理解しようとする気持ちが大切だ。
⑤ 「珈琲」は外来語に漢字を（　　　　　）例だ。

当てる	決まる	異なる	好む
つける	つながる	願う	間違う

2   □ 안에 있는 문형을 골라, (　) 안에 알맞은 형태로 넣어 주세요.

① ニュース（　　　　　）、週末は大雪になるそうだ。
② それはすぐには信じ（　　　　　）話だった。
③ こんなに忙しい生活では、いつか体を壊し（　　　　　）。
④ 動物ロボットは次世代のペットになり（　　　　　）だろうか。

～がたい	～得る	～によると	～かねない

신출단어

ミステリー 미스터리　努力 노력　娘 딸　珈琲 커피　外来語 외래어　例 예　間違う 잘못되다, 틀리다
信じる 믿다　壊す 부수다, 파괴하다　ロボット 로봇　次世代 차세대

3 제시된 단어를 사용하여, 올바른 문장을 만들어 주세요.

① （新聞／原因／事故／居眠り運転／運転手）

 ➡ ＿＿＿によると、＿＿＿＿＿＿＿＿＿＿

＿＿＿＿＿＿＿＿＿＿＿＿＿＿＿＿そうだ。

② （自分／人／ミス／悪口／許す／言う）

➡ ＿＿＿＿＿＿のに、＿＿＿＿＿＿のは、＿＿＿

がたいことだ。

4 선으로 연결하여 올바른 문장을 만들어 주세요.

㋐ 彼の話が全部うそだと　　・　　・Ⓐ 考えかねない。
　　 いうことは
　　　　　　　　　　　　　　　　・Ⓑ 全然考えがたい。

㋑ 彼ならそんなひどい　　　・　　・Ⓒ 十分考え得ることだ。
　　 ことも

| 신출단어 |

原因 원인　**居眠り運転** 졸음운전　**運転手** 운전수　**ミス** 미스, 실수, 잘못　**悪口** 욕　**うそ** 거짓말　**ひどい** 심하다

5 아래 표 안에서 가로(→), 세로(↓), 대각선(↘) 방향으로 한자 단어를 찾아 주세요.

形	使	光	右
英	容	法	律
自	海	詞	流
由	菜	貧	行

6 올바른 한자 읽기를 골라 ○를 해 주세요.

この頃（ころ・ごろ）は、個性的な名前が好（この・ごの）まれるようだ。そして
　　　　　　　　　　　こせいてき
自然（しぜん・ちぜん）に関する名前は人気があるらしい。また、「心愛」のように
　　　　　　　　　　かん　　　　　　　　　　　　　　　　　　　　ここあ
本来（ほんらい・ほんれい）の漢字の読み方とは異（こと・ごと）なる読み方をさせ
　　　　　　　　　　　　　　　　　　よ　　かた
る名前も増えているそうだ。
　　　　ふ

함께하기

●日本人の友だちに子どもが生まれました。例のように赤ちゃんに名前をつけて、その名前に込めた思いを書いてみよう。

桜の木のように誰からも
愛されるように……

신출단어

生まれる 태어나다　赤ちゃん 아기

쉬어가기 　식당에서

일본의 성은 약 15~30만 개로 한국에 비해 무척 다양한 편이다. 그중 약 70% 정도가 지명이나 지형에서 유래했으며, 같은 발음이라도 한자를 다르게 쓰거나 같은 한자를 다르게 읽는 경우가 있어 매우 복잡하다. 전자의 예로, 'いとう'의 경우 '伊藤', '伊東', '井藤' 등으로 쓰며, 후자의 예로 '東'는 주로 'ひがし'와 'あずま' 두 가지로 읽는다. 또한, 일본은 결혼하면 일반적으로 부인이 남편의 성(姓)을 사용하며, 이에 따라 결혼 후에 부인의 성이 바뀐다.

6
待ち合わせをしたら…

학습 포인트

1. ～に応じて
2. ～つつ
3. たとえ～ても
4. ～ものだ (일반적 본성)

待ち合わせをしたら…

「しまった！遅刻だ！」

ついうっかり寝坊したり、電車の事故やバスの渋滞などによって、仕方なく遅刻してしまうことは誰にでもあるものだ。そんな時、みなさんは、どんなふうに連絡をするだろうか。

こんな話を聞いたことがある。韓国人と日本人のグループが待ち合わせをした。その時、「10分ぐらい遅れそうです」と連絡した人と、「20分ぐらい遅れそうです」と連絡した人がいた。ところが、結局二人とも、15分後にほぼ同時に到着したそうだ。

前者が韓国人で、後者は日本人。この話のように、約束の時間に遅れそうな時、遅れる時間について、韓国人は短めに話す傾向があるのに対して、日本人は長めに話す傾向が強いそうだ。

「もうすぐ着くよ」という言葉も同じだ。韓国人は、15分後に到着する場合にも「もうすぐ着くよ」と言う人が多いが、日本人は、たとえ5分後に到着するとしても、電車を降りるまでは言えないという人が多い。もちろん、人によっても違うし、状況に応じて変わることもあるが、韓国人は時間を短めに言うことで相手に待つ時間を短く感じてもらおうという気持ちがある。

一方で、日本人は時間を長めに言いつつ、それより早く着くように努力する気持ちがあるようだ。どちらも、待たせる相手のことを配慮しているのだが、配慮の仕方が違っておもしろい。

昔は「コリアンタイム」と言われたりしたが、この頃は韓国でも時間を守ることに厳しくなってきた。それでも、時間に対する考え方は、韓国と日本で、やはり少し違っている。もちろん、友だちを長く待たせないように時間を守るのが一番だが、お互いの時間に対する考え方を理解できれば、待ち合わせの時に驚くことが少なくなるかもしれない。

신출단어&표현

待ち合わせ (시간과 장소를 정해서) 만나기로 함
まあ

遅刻 지각
ちこく

寝坊する 늦잠 자다
ねぼう

遅れる 늦다, 늦어지다
おく

～とも ~ 모두

到着する 도착하다
とうちゃく

短め 조금 짧음
みじか

もうすぐ 이제 곧

コリアンタイム 코리안 타임

やはり 역시

つい 그만, 무심코

渋滞 정체
じゅうたい

ところが 그런데, 그러나

ほぼ 거의

前者 전자
ぜんしゃ

傾向 경향
けいこう

状況 상황
じょうきょう

守る 지키다
まも

お互い 서로
たが

しまった 아차, 아뿔사

うっかり 깜빡, 무심코

仕方ない 어쩔 수 없다
しかた

結局 결국
けっきょく

同時に 동시에
どうじ

後者 후자
こうしゃ

長め 조금 김
なが

配慮する 배려하다
はいりょ

厳しい 엄하다, 엄격하다
きび

驚く 놀라다
おどろ

내용 체크

본문을 읽고, 맞는 것에 ○를 해 주세요.

① 韓国人は20分遅れそうな時、「20分遅れます」ということが多い。　　　(　　　)
② 日本人は遅れる時、時間を長めに話す傾向がある。　　　(　　　)
③ 「もうすぐ着くよ」と言うタイミングが韓国と日本では違う。　　　(　　　)
④ 日本人は相手に配慮しない。　　　(　　　)
⑤ この頃、韓国では時間を守ることに厳しくない。　　　(　　　)

포인트 정리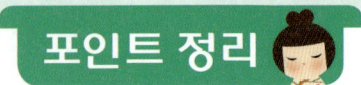

1 〜ものだ 〜법이다 (일반적 본성)

동사, 형용사에 접속하여, 일반적인 것, 진리, 본성 등에 대해서 말할 때 쓴다.

- 예) 電車の事故などによって、仕方なく遅刻してしまうことは誰にでもある**ものだ**。

  社会とは冷たい**ものだ**。

※ 일반적인 본성을 나타내는「〜ものだ」는 특정한 인물이나 물건에 대해서는 쓸 수 없다.

- 비교) 学生は勉強する**ものだ**。（○）

  広田さんは勉強する**ものだ**。（×）

2 たとえ〜ても 설령 〜하더라도

동사의 て형에 접속하여 조건을 나타내지만, '설령 비가 오더라도 소풍은 간다'처럼, 뒤에 오는 일(소풍 간다)이 그 조건(비가 오다)에 영향을 받지 않는다는 것을 나타낼 때 쓴다. 다시 말해 역접조건을 나타낸다.

- 예) 多くの日本人は、**たとえ**5分後に到着するとし**ても**、「もうすぐ着くよ」とは言わない。

  たとえ大学に受かっ**ても**、進学しないつもりです。

※ 명사의 경우는「たとえ〜でも」로 나타낸다.

- 예) **たとえ**悪法**でも**法は法である。

| 신출단어 |

進学する 진학하다　**悪法** 악법　**法** 법

3 　〜に応じて　〜에 따라서

명사에 접속하여, 어떤 상황의 변화 등에 '맞춰서, 따라서'라는 의미를 나타낸다.

- 예　状況に応じて変わることもあるが、韓国人は時間を短めに言う人が多い。

　　予算に応じて花束をお作りします。

※ 상황의 변화 등을 나타내는 표현에는 「〜に応じて」 외에 「〜によって」도 쓸 수 있다.

- 예　予定は状況に応じて変わることもある。

　　予定は状況によって変わることもある。

4 　〜つつ　〜하면서

동사의 ます형에 붙어, 동시 진행을 나타낸다. 행동 주체가 하나의 행동을 하면서 동시에 다른 행동을 할 때 쓴다. 문어체적이며, 회화에서 쓰일 때는 딱딱한 느낌을 준다.

- 예　日本人は時間を長めに言いつつ、それより早く着くように努力する。

　　いい結果を期待しつつ、待っている。

※ 「〜つつ」는 동시 진행을 나타내는 용법 이외에 역접을 나타내는 경우도 있다. 역접을 나타낼 때는 「〜つつも」의 형태를 쓰기도 한다.

- 예　早寝早起きしようと思いつつ、毎晩遅くまでゲームをやっている。

　　病院に行かなければならないと言いつつも、忙しくてなかなか行けなかった。

| 신출단어 |

予算 예산　**花束** 꽃다발　**期待する** 기대하다　**早寝早起き** 일찍 자고 일찍 일어남　**ゲーム** 게임

연습문제

1 □ 안에서 알맞은 표현을 골라 ( ) 안에 넣어 주세요.

① コンサートはとても人気で、（　　　　　）満席だった。
② 問題を解決するために努力したのだが、（　　　　　）、解決できなかった。
③ 彼女と電話で話すのが楽しくて、（　　　　　）長くなってしまいます。
④ この頃少しずつ寒くなっています。（　　　　　）冬ですね。
⑤ 高校生なら、お酒は（　　　　　）、タバコもだめです。

| つい | やはり | うっかり | 結局 |
| もうすぐ | もちろん | ほぼ | 仕方なく |

2 □ 안에 있는 문형을 골라, ( ) 안에 알맞은 형태로 넣어 주세요.

① この店では、買いものをした金額（　　　　　）プレゼントがもらえます。
② （　　　　　）明日雨だとし（　　　　　）、運動会は必ず行われます。
③ 努力しても、性格を変えるのは難しい（　　　　　）。
④ 広田さんの夢は、世界を旅行し（　　　　　）、いろいろな国で働くことだ。

| ～に応じて　　～つつ　　～ものだ　　たとえ～ても |

신출단어

満席 만석, 만원　**解決する** 해결하다　**金額** 금액　**行う** 거행하다, 실시하다　**性格** 성격　**変える** 바꾸다

3 제시된 단어를 사용하여, 올바른 문장을 만들어 주세요.

① (今年／大学生／早い／時間／なる／本当に)

お子さんが＿＿＿＿＿＿＿＿＿＿＿＿なんて、

＿＿＿＿＿＿＿＿＿＿ものですね。

10年前　今年

② (私／成果／ボーナス／もらえる／会社／働く)

＿＿＿＿＿＿では、＿＿＿＿＿に応じて、

＿＿＿＿＿＿＿＿＿＿＿＿＿＿＿＿。

4 선으로 연결하여 올바른 문장을 만들어 주세요.

㉠ たとえ会社で働いて　・　　　・ Ⓐ 毎日少しでも英語の勉強をしたほうがよい。
　　いても
　　　　　　　　　　　　　　　・ Ⓑ 今日は寝ないで勉強をしよう。
㉡ 会社で働きつつ、　　・
　　　　　　　　　　　　　　　・ Ⓒ 大学で英語の勉強をしている。

| 신출단어 |

成果 성과　ボーナス 보너스

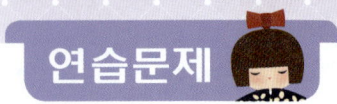

연습문제

5 아래 표 안에서 가로(→), 세로(↓), 대각선(↘) 방향으로 한자 단어를 찾아 주세요.

時	場	渋	滞
着	寝	遅	感
前	合	坊	等
者	人	傾	向

6 올바른 한자 읽기를 골라 ○를 해 주세요.

事故（じこ・じご）で電車が遅れて、遅刻（ちがく・ちこく）しそうになることがある。そんな時は、すぐに連絡したほうがよい。また、到着（とちゃく・とうちゃく）する直前にも連絡をしたほうがいいだろう。待っている人が時間に厳（きび・ぎび）しい人なら怒っているかもしれないし、事故だと聞いて心配しているかもしれない。連絡をすることが、相手への配慮（はいりょう・はいりょ）になるだろう。

| 신출단어 |

直前 직전
ちょくぜん

함께하기

● 日本人の友だちと約束をしましたが、遅刻しそうです。メッセージを送ってみよう。

● あなたならどんなメッセージを送りますか。

| 신출단어 |

メッセージ 메시지

쉬어가기 　 일본의 버스 안

バス

일본은 버스 정류장마다 각 시간별 도착 시간이 명기되어 있으며, 정확한 시간에 버스가 도착한다. 승객은 반드시 버스가 정류장에 멈춘 이후에 좌석에서 일어나 이동해야 한다. 또한, 회사마다 요금 방식이 달라 정액제이면 앞문으로 타고, 간 거리마다 금액이 다를 경우에는 '정리권(整理券)'이라는 것을 뽑아 뒷문으로 타서 앞문으로 내리며, 내릴 때 정산을 하면 된다. 고령화로 인해 저상버스가 많은 편이며, 뒷문에 스피커와 벨이 있어 몸이 불편한 승객이 벨을 눌러 기사와 대화할 수 있도록 해 놓았다.

7
私のスタイルじゃないね

학습 포인트

1. 〜を問わず
2. 〜ものの
3. 〜から見ると
4. 〜はずだ

私のスタイルじゃないね

Track 07

　カタカナの単語のほとんどは「外来語」である。「外来語」というのは、日本語以外の言葉をカタカナで書いて表す言葉で、英語からできたものが多いが、英語以外にも色々な国の言葉が用いられている。
　「ストップ！」とか「ファイト！」のように、子どもからお年寄りまで、世代を問わず使われているものもあるし、「タバコ」「ガラス」のように外国から伝わったものの、外来語だと知られていないものもある。
　また、元の言葉を短く省略したものもある。「コンビニ」の元の言葉は「コンビニエンスストア」だし、「テレビ」は「テレビジョン」を省略した言葉だ。
　さらに、本来の英語と全く違う外来語を使っている言葉もある。例えば、「カンニング」という言葉がある。これは、学生がテストを受ける時に、内緒で答えを見ながら解答を書くということを表す言葉だ。韓国でも同じように使う。しかし、英語で「cunning」というと「ずるい」という意味だそうだ。「テストでカンニングをする」と言っても、アメリカ人やイギリス人から見ると、全く意味が通じない不思議な言葉になってしまうはずだ。
　日本語でも韓国語でも、外来語はたくさん使われている。英語由来の外来語は日韓で同じように使うものも多い。しかし、言葉によっては、少し使い方が違うことがあっておもしろい。例えば「スタイル」という言葉がある。日本語では、外見について話す時、背が高くほっそりしている人のことを「スタイルがいい」と言ったりする。韓国語では自分の好みや趣向のことを話す時に使うことが多く、自分の好みに合わない時に「私のスタイルじゃないね」と言ったりするが、この使い方は日本語にはない。
　日本語の表現を豊かにしてくれる外来語。カタカナは難しい、というイメージもあるが、たくさん覚えて活用してみよう。

신출단어&표현

スタイル 스타일
用いる(もち) 사용하다, 이용하다
お年寄り(としよ) 노인
元(もと) 처음, 본디, 본래
テレビジョン 텔레비전
解答(かいとう) 해답
不思議だ(ふしぎ) 불가사의하다, 이상하다
外見(がいけん) 외견, 겉보기
趣向(しゅこう) 취향

単語(たんご) 단어
ストップ 스톱(stop)
ガラス 유리
省略する(しょうりゃく) 생략하다
カンニング 커닝
ずるい 교활하다
由来(ゆらい) 유래
ほっそり 홀쭉한 모습, 호리호리
活用する(かつよう) 활용하다

ほとんど 대부분, 거의
ファイト 파이트(fight), 파이팅
伝わる(つた) 전해지다, 전달되다
コンビニエンスストア 편의점
内緒(ないしょ) 몰래 함, 비밀
イギリス 영국
日韓(にっかん) 일본과 한국
好み(この) 기호, 취미

내용 체크

본문을 읽고, 맞는 것에 ○를 해 주세요.

① 外来語(がいらいご)とは日本語以外(いがい)の言葉をカタカナで書いて表(あらわ)す言葉だ。 (　　)

② 外来語は全部(ぜんぶ)英語からできたものだ。 (　　)

③ 「タバコ」が外来語だと知らない日本人はいない。 (　　)

④ 「カンニング」をアメリカ人に話しても通(つう)じない。 (　　)

⑤ 日本では「私のスタイルじゃないね」と言わない。 (　　)

포인트 정리

1 〜を問（と）わず 〜을 불문하고

명사에 붙어, '〜을 불문하고, 그것과 관계없이, 그것을 문제 삼지 않고'라는 의미를 나타낸다. 「〜を問わず」는 주로 「男女（だんじょ）, 昼夜（ちゅうや）, 内外（ないがい）」 등의 반대 개념을 포함한 명사나 연령, 성별, 세대 등 여러 요소를 포함한 명사에 접속한다.

예) 「ストップ！」という外来語（がいらいご）は子どもからお年寄（としよ）りまで、世代（せだい）を問わず使（つか）われている。

この店（みせ）は男女（だんじょ）を問わず気軽（きがる）に入（はい）れる。

2 〜ものの 〜하기는 하지만 / 〜했지만

동사의 과거형, て있는 형, 이형용사의 기본형 등에 접속하며, 과거의 일이나 현재의 상황을 말할 때 쓰인다. 하지만, 뒤에는 앞에서 말한 내용과 상반된, 모순된 일이 이어진다.

예) 「タバコ」という言葉は外国から伝（つた）わったものの、外来語だと知られていないようだ。

メロンは高いものの、人気があってよく売（う）れている。

※ 명사에 접속할 때는 「〜とはいうものの」를 쓴다. 일반적으로 예상한 일과 맞지 않는 것을 나타낼 때 쓴다.

예) 梅雨（つゆ）とはいうものの関東地方（かんとうちほう）にはほとんど雨が降（ふ）っていない。

| 신출단어 |

男女（だんじょ） 남녀　　**昼夜**（ちゅうや） 주야(낮과 밤)　　**内外**（ないがい） 내외　　**気軽だ**（きがる だ） 가볍다　　**メロン** 메론　　**関東地方**（かんとう ちほう） 간토지방(관동지방)

3 ～から見ると　～에서 보면

명사에 붙어, '그 명사 입장에서 보면, 판단해 보면'이라는 의미를 나타낸다.

- 例 「テストでカンニングをする」という表現は、アメリカ人から見ると不思議であるらしい。

    日本の教育システムは、西洋から見ると理解できない点がたくさんあるそうだ。

※「見ると」대신에「見れば」「見たら」라는 형태를 쓸 수도 있다.

- 例 親の目から見れば、高校生はまだまだ子どもです。

4 ～はずだ　(당연히) ～일 것이다

화자가 어떤 근거를 바탕으로 '당연히 그럴 것이다'라고 추측한 경우에 쓴다.

- 例 彼女は出張中だから、今日の会議には参加できないはずだ。

    彼は2時の新幹線に乗ったそうだから、そろそろ家に着くはずだ。

※「～はずだ」가 추측을 나타낼 때의 판단의 근거는 주관적이라기 보다는 객관적이고 논리적이어야 한다. 판단 근거가 주관적일 때는「～はずだ」보다는「～に違いない」를 쓰는 것이 좋다.

- 비교 子どもが泣いている。お腹が空いているはずだ。（×）

    子どもが泣いている。お腹が空いているに違いない。（○）

신출단어

教育 교육　**システム** 시스템　**西洋** 서양　**出張中** 출장 중　**新幹線** 신칸센　**お腹が空く** 배가 고프다

연습문제

1 □ 안에서 알맞은 표현을 골라 ( ) 안에 넣어 주세요. 필요하면 형태를 바꿔 주세요.

① 彼女はスタイルが良くて（　　　　　　）。

② 大学には（　　　　　　）国から来た留学生がいます。

③ 課長は社長の前ではとても優しいのに、社長がいない時は冷たくて、私にたくさん仕事をやらせます。本当に（　　　　　　）人です。

④ ここには初めて来たのに、昔から知っているような気がする。なんだか（　　　　　　）気分だ。

⑤ 私のふるさとは田舎ですが、自然が（　　　　　　）、美しい町です。

| 色々だ | ずるい | 高い | おもしろい |
| 豊かだ | 不思議だ | 難しい | ほっそりしている |

2 □ 안에 있는 문형을 골라, ( ) 안에 알맞은 형태로 넣어 주세요.

① もし、留学したら、男女（　　　　　　）色々な人と友だちになりたい。

② 外国人（　　　　　　）、日本の文化は自然や四季を大切にしているようだ。

③ 明日は月曜日だから、朝は道路が混む（　　　　　　）。

④ 会議で新しいアイデアを提案した（　　　　　　）採用してもらえなかった。

| 〜から見ると　　〜を問わず　　〜ものの　　〜はずだ |

신출단어

課長 과장　気がする 생각이 들다, 느낌이 들다　なんだか 왜 그런지, 어쩐지　ふるさと 고향　道路 도로　混む 붐비다
アイデア 아이디어　提案する 제안하다　採用する 채용하다

3 　제시된 단어를 사용하여, 올바른 문장을 만들어 주세요.

　① （留学する／英語／アメリカ／話せる）

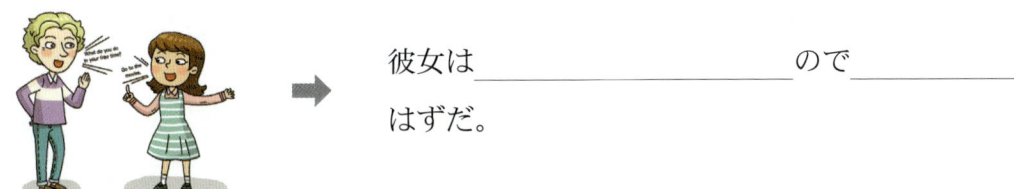

彼女は_____ので_____

はずだ。

　② （休暇／お金／行く／どこにも／ない／１週間／もらう）

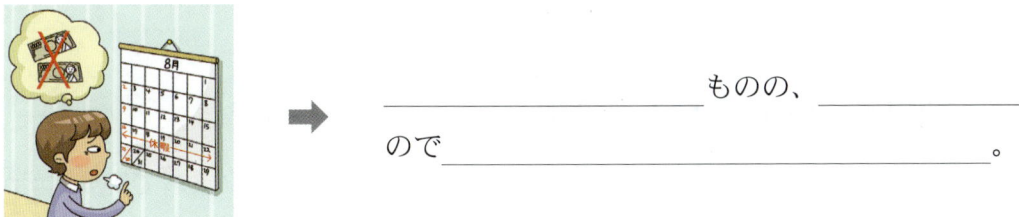

_____ものの、_____

ので_____。

4 　선으로 연결하여 올바른 문장을 만들어 주세요.

　㋐ ほかの国の人　・　　　　・ Ⓐ 日本のゲーム文化は不思議なものかもしれない。
　　　から見ると

　　　　　　　　　　　　　　・ Ⓑ このゲームは人気がある。

　㋑ 世代を問わず　・　　　　・ Ⓒ ゲームをする時はめがねをかける。

| 신출단어 |

休暇 휴가

연습문제

5 아래 표 안에서 가로(→), 세로(↓), 대각선(↘) 방향으로 한자 단어를 찾아 주세요.

省	不	思	議
外	略	使	年
来	短	覚	活
語	葉	聞	用

6 올바른 한자 읽기를 골라 ◯를 해 주세요.

同じ国で同じ言葉を話しているのに、世代（せだい・せで）によって使う言葉が違_{ちが}うので、若者_{わかもの}とお年寄_{としよ}りでは言葉が通（つ・つう）じないこともよくある。省略（しょりゃく・しょうりゃく）した言葉や、外国語由来（ゆれい・ゆらい）の言葉などは若_{わか}い人がよく使うが、お年寄りには伝（つた・つだ）わらないことが多い。

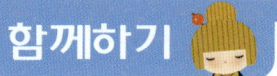 함께하기

●しりとりゲームのルール

・名詞以外は禁止。
・すでに出ている言葉を言ったら負け。
・「ん」で終わったら負け。
・拗音(ゃ、ゅ、ょ)で終わる時は、例えば、小さい「ゃ」を大きい「や」にする。
　(「電車」の「ゃ」は「や」で始める)
・最後の長音は母音とする。(「サッカー」は「あ」で終わったことにする)

●カタカナの単語を使ってしりとりをしてみよう。

| 例 ファイト － トマト － トイレ － レンズ |

コンビニエンスストア － _____ － _____ － _____

イギリス － _____ － _____ － _____

| 신출단어 |

しりとり 끝말잇기　**ルール** 룰, 규칙　**名詞** 명사　**禁止** 금지　**すでに** 이미, 벌써　**負け** 짐, 패배　**拗音** 요음
長音 장음　**母音** 모음　**レンズ** 렌즈

7 私のスタイルじゃないね | 77

쉬어가기 — 친구와 핸드폰으로

略語(りゃくご)

최근 한국어의 줄임말인 '중도(중앙도서관)', '새터(새내기 배움터)'처럼 일본의 경우도 단어를 줄여 말하는 경향이 있다. 이를 '略語'라고 하며, 그 예로 '마쿠도나루도'의 경우 도쿄에서는 「マック」, 오사카에서는 「マクド」라고 부른다.

또한, SNS와 같이 문자로 주고받는 말 중에는 줄임말들이 상당히 많은데, 그 중 'TKG'는 「卵(たまご)かけご飯(はん)(Tamago Kake Gohan)」의 줄임말이다. 신년인사 때 쓰는 「明(あ)けましておめでとう、今年(ことし)もよろしく」의 줄임말로 'あけおめ' '나는 '이라고도 한다.

8
そろそろ始まりますね

학습 포인트

1. 〜せいだ
2. 〜どころか
3. 〜ものだ (과거)
4. 〜につれて

そろそろ始まりますね

　外国人観光客の多いソウルの街や観光地に行くと、マスクをしている日本人を見ることがあるだろう。日本へ行けば、それ以上にマスクをしている人が目につくだろう。通勤や通学時には多くの人がマスクをしている。日本人のマスク使用率は韓国人よりずっと高い。

「そろそろ始まりますね」

「いや、もう飛んでますよ」

　東京では２月になるとこんな会話があちこちで聞かれる。日本では主に２月中旬から５月頃にかけて空気中に大量の花粉が舞う。花粉のせいでくしゃみや鼻水が止まらなくなったり、目が真っ赤になったりする人が続出する。くしゃみ、鼻水どころか、頭痛がしたり、熱が出たりする人もいる。「花粉症」と呼ばれる一種のアレルギー症状だ。薬局では花粉症のための薬やサプリメントがあちこちで売られ、テレビでも特集が組まれる。毎日の天気予報では「今日の花粉情報」が流される。

「風邪ですか」

「いえ、花粉症なんです」

　花粉症という言葉が広まり始めた頃はこんな会話が聞かれたものだ。それが最近では、「花粉症ですか」「いえ、ただの風邪です」と逆の会話が交わされるようになった。

　花粉症の原因はすぎやひのきなどの花粉だ。戦後の日本では、戦争で焼けた街の復興のためにたくさんの山の木が使われた。その結果、木が少なくなった山は土砂崩れなどの災害を引き起こした。その災害を防ぐために大量に植えられたのがすぎの木だった。そして数十年後、成長したすぎの木は、毎年大量の花粉を飛ばすようになったのである。

　原因はそれだけではない。経済の発展につれて都市の開発が進み、道路がアスファルトやコンクリートになったことも一因だ。花粉が地面に吸収されなくなったため、花粉が空気中に飛び続けるようになったのだ。自然と人との共存は簡単ではないが、みんながマスクを外して笑顔で外出できる日が来るといいと思う。

신출단어&표현

観光客 관광객 かんこうきゃく	街 거리 まち	マスク 마스크
目につく 눈에 띄다 め	～時 ～시, ～할 때 じ	使用率 사용률 しようりつ
飛ぶ 흩날리다, 날다 と	主に 주로 おも	中旬 중순 ちゅうじゅん
大量 대량 たいりょう	花粉 꽃가루 かふん	舞う 떠돌다, 흩날리다 ま
くしゃみ 재채기	鼻水 콧물 はなみず	止まる 멈추다 と
真っ赤だ 새빨갛다 まか	続出する 속출하다 ぞくしゅつ	頭痛 두통 ずつう
熱 열 ねつ	花粉症 화분증, 꽃가루 알레르기 かふんしょう	一種 일종 いっしゅ
アレルギー 알레르기	薬局 약국 やっきょく	サプリメント 서플리먼트, 보충(제)
特集 특집 とくしゅう	組む 짜다, 편성하다 く	情報 정보 じょうほう
流す 흘리다, 흐르게 하다 なが	広まる 퍼지다 ひろ	逆 역, 반대 ぎゃく
交わす 주고받다, 교환하다 か	すぎ 삼나무	ひのき 노송나무
戦後 전후, 세계 2차 대전 후 せんご	戦争 전쟁 せんそう	焼ける (불에) 타다 や
復興 부흥 ふっこう	土砂崩れ 토사 붕괴, 산사태 どしゃくず	災害 재해 さいがい
引き起こす 일으키다, 발생시키다 ひお	防ぐ 막다 ふせ	植える 심다 う
成長する 성장하다 せいちょう	発展 발전 はってん	開発 개발 かいはつ
進む 진행되다 すす	アスファルト 아스팔트	コンクリート 콘크리트
一因 한 원인 いちいん	地面 지면 じめん	吸収する 흡수하다 きゅうしゅう
飛び続ける 계속 흩날리다 とつづ	共存 공존 きょうぞん	外す 떼다, 벗기다 はず

내용 체크

본문을 읽고, 맞는 것에 ○를 해 주세요.

① 日本では韓国よりマスクをしている人が多い。　　　　　　　　　（　　）

② 花粉症は、一種のアレルギー症状だ。　　　　　　　　　　　　　（　　）
　かふんしょう　　いっしゅ　　　　　しょうじょう

③ 東京では、1月になると花粉が飛び始める。　　　　　　　　　　（　　）
　とうきょう　　　　　　　　　　　　とはじ

④ 戦後、経済が発展して、花粉症の人が少なくなった。　　　　　　（　　）
　せんご　けいざい　はってん

⑤ 空気中の花粉はアスファルトの道路には吸収されない。　　　　　（　　）
　くうきちゅう　　　　　　　　　　どうろ　　きゅうしゅう

포인트 정리

1 〜せいだ 〜때문이다

좋지 않은 일이 생긴 원인이나 책임의 소재를 나타낼 때 쓴다.

- 花粉の**せいで**くしゃみや鼻水が止まらなくなっている。

  夜眠れないのは、昼コーヒーを飲んだ**せいだ**。

※좋은 일이 생긴 원인에 대해서는「〜おかげだ(〜덕분이다)」를 쓴다.

- 先生の**おかげで**、合格することができました。（○）

  先生の**せいで**、合格することができました。（×）

2 〜どころか 〜는 커녕

명사, 동사, 형용사 등에 붙는다. 어떤 일을 예로 들어, 그것을 부정함으로써, 다음의 내용을 강조할 때 쓴다. 앞 부분에서 말한 내용과는 정반대인 사실이 뒤에 오기도 한다. 화자나 청자의 예상, 기대를 뒤엎을만한 사실을 말할 때 쓴다. '〜뿐만 아니라'로 해석되는 경우도 있다.

- 花粉症の人には、くしゃみ、鼻水**どころか**、頭痛がしたり、熱が出たりする人もいるようだ。

  彼女は独身**どころか**子どもが三人もいる。

※「〜どころか」는 뒤에 부정표현을 동반하여, '평균적인 기준이나 기대에 미치지 않을 뿐만 아니라, 그것보다 훨씬 못하다'라는 의미를 나타낸다.

- 彼女は一人で外食**どころか**スーパーにも行け**ない**。

| 신출단어 |

独身 독신　**外食** 외식　**スーパー** 슈퍼마켓

3 ～ものだ ～했다 (과거)

동사, 형용사의 과거형에 접속하여, 과거에 습관적으로 한 일에 대해서 회상할 때 쓴다.

> 예 子どもの頃は川でよく遊んだものだ。
>
> 学生時代はよく野球をしたものだ。

※과거의 습관적인 일에 대한 회상을 나타내는 「～ものだ」는 동사, 형용사의 과거형에만 접속하지만, 일반적인 본성을 나타내는 「～ものだ」는 동사, 형용사의 과거형에는 접속하지 않는다.

> 비교 学生は勉強するものだ。(일반적 본성)
>
> 学生時代はよく勉強したものだ。(과거의 회상)

4 ～につれて ～에 따라서

명사 또는 동사의 기본형에 접속하여, '어떤 일이 진행됨에 따라 다른 일도 진행된다'라는 비례관계를 나타낼 때 쓴다.

> 예 経済の発展につれて都市の開発が進み、道路がアスファルトやコンクリートになった。
>
> 時間が経つにつれて状況はますます厳しくなっていった。

※어떤 일의 변화를 나타내는 「～につれて」는 「～に従って」와도 바꿔 쓸 수 있다. 「～につれて」는 '앞에 오는 일이 계기가 되어, 비례적으로 뒤에 오는 일이 변화했다'라는 의미가 강한 반면, 「～に従って」는 '앞의 일과 뒤의 일이 단순히 병행적으로 일어난다'라는 의미가 강하다.

> 비교 年齢が上がるにつれてやせにくくなる。
>
> 年齢が上がるに従ってやせにくくなる。

| 신출단어 |

経つ (시간, 때가) 지나다, 경과하다　　**ますます** 점점, 더욱 더

연습문제

1 □ 안에서 알맞은 표현을 골라 ( ) 안에 넣어 주세요.

① このシャツは汗をよく（　　　　　）してくれる。

② 地震の被害を受けた地域の皆様、一日も早い（　　　　　）をお祈りしています。

③ すみませんが、夜は（　　　　　）しますので、電話が受けられないかもしれません。

④ チームのみんなで情報を（　　　　　）しておくことが大切だ。

⑤ 子どもの成績にストレスは大きく（　　　　　）するそうだ。

```
影響         外出         開発         吸収
えいきょう    がいしゅつ    かいはつ     きゅうしゅう
共有         続出         発展         復興
きょうゆう    ぞくしゅつ    はってん     ふっこう
```

2 □ 안에 있는 문형을 골라, ( ) 안에 알맞은 형태로 넣어 주세요.

① 時代の変化（　　　　　）、日本人の食生活も変わってきた。

② 子どもの頃は、よくこの川で魚を捕って遊んだ（　　　　　）。

③ この町は、映画館（　　　　　）、病院もない。

④ 大雪の（　　　　　）、電車が止まってしまった。

```
～せいだ    ～どころか    ～につれて    ～ものだ
```

| 신출단어 |

汗 땀　地震 지진　被害 피해　地域 지역　チーム 팀　成績 성적　食生活 식생활　捕る 잡다

3 제시된 단어를 사용하여, 올바른 문장을 만들어 주세요.

① （私／ミス／試合／する／負ける）

 ➡ ＿＿＿＿＿＿せいで、＿＿＿＿＿＿しまった。

② （学生／カラオケ／頃／歌う／よく）

 ➡ ＿＿＿＿＿＿は、＿＿＿＿＿＿＿＿ものだ。

4 선으로 연결하여 올바른 문장을 만들어 주세요.

⑦ 病気が進むにつれて　・　　　・Ⓐ 立つこともできなかった。

　　　　　　　　　　　　　　　・Ⓑ 立つことも難しくなってきた。

④ ひどいけがで歩く　　・　　　・Ⓒ 立つことができるようになった。
　 どころか

|신출단어|

試合 시합

8 そろそろ始まりますね | 85

연습문제

5 아래 표 안에서 가로(→), 세로(↓), 대각선(↘) 방향으로 한자 단어를 찾아 주세요.

災	後	共	存
害	外	最	年
主	逆	土	笑
顔	地	面	砂

6 올바른 한자 읽기를 골라 ○를 해 주세요.

花粉症というのは空気中（くうきちゅう・くうきじゅう）に舞（ま・も）う花粉が原因
か ふんしょう　　　　　　　　　　　　　　　　　　　　　　　　　　　　　　　　　　か ふん　げんいん
で起こる一種（いっしゅ・いちじょう）のアレルギー症状だ。日本では、２月中旬頃
　 お　　　　　　　　　　　　　　　　　　　　　　　しょうじょう　　　　　　　　　　ちゅうじゅんごろ
から、目が赤くなったり、鼻水が止まらなくなったりする人が続出（そくじゅつ・
　　　 め あか　　　　　　はなみず と
ぞくしゅつ）する。いろいろな薬が売られ、テレビでも特集（とくしゅ・とくしゅう）
　　　　　　　　　　　　くすり う
が組まれる。
　く

> 함께하기

●花粉症セルフチェック
　かふんしょう

次の質問に「はい」か「いいえ」で答えてください。
つぎ　しつもん　　　　　　　　　　　　こた

Q1	鼻水やくしゃみが止まらない。 はなみず　　　　　　　　と	はい　　いいえ
Q2	鼻水が透明でサラサラしている。 　　　　とうめい	はい　　いいえ
Q3	鼻がつまる はな	はい　　いいえ
Q4	目がかゆい。 め	はい　　いいえ
Q5	毎年、2～4月頃に同じ症状が出る。 まいとし　　　　ごろ　　しょうじょう　で	はい　　いいえ

・結果チェック
　けっか

1つでも当てはまったら花粉症の疑いあり。
　　　　あ　　　　　　　　　　　うたが

> 신출단어

セルフチェック 자가진단(self check)　　**透明** 투명　　**サラサラ** 끈적끈적하지 않은 모양　　**つまる** 막히다　　**かゆい** 가렵다
とうめい
当てはまる 꼭 들어맞다, 적합하다　　**疑い** 의심, 혐의
あ　　　　　　　　　　　　　　　　　うたが

쉬어가기 — 비오는 6월의 어느 날

ももちゃん明日から ハワイだよね。
모모짱 내일부터 하와이네.

でも、ももちゃん 旅行するといつも雨じゃない。 ハワイは大丈夫かな。
하지만, 모모짱 여행하면 항상 비 오잖아. 하와이는 괜찮을라나.

うん。雨はもううんざり。
응. 비는 이제 지겨워.

じゃ、検索してみようか。……。
자, 검색해 볼까. …….

さすがももちゃん、雨女だね。
역시 모모짱, 비의 여자네.

梅雨

장마를 '梅雨'라고 하며 일본은 6월 한 달 정도가 장마기간으로, 해마다 조금씩 차이는 있다. 긴 장마로 인해 비와 관련된 말과, 우산과 관련된 상품도 독특한 것이 많다.

가는 곳마다 비를 몰고 오는 여자를 '雨女' 혹은 그런 남자를 '雨男'라 한다. 접이식 우산은 '折り畳み傘'라 하며, 양산은 '日傘'라 한다. '相合傘'는 남녀가 같이 쓰는 우산으로, 책상이나 노트, 칠판 등에 상대방의 이름을 그려 놓기도 한다.

9

世界に食文化を伝えよう

학습 포인트

1. ～に加えて
2. ～からには
3. ～において
4. ～次第だ

世界に食文化を伝えよう

Track 09

　2013年12月、ユネスコの世界遺産の無形文化遺産に、韓国の「キムチとキムジャン文化」と、日本の「和食、日本人の伝統的な食文化」が登録されることが決定した。
　韓国では、冬になる前に1年分のキムチを作っておく「キムジャン」をする伝統がある。10月から11月にかけての韓国の風物詩だ。韓国の冬に欠かせないキムジャン文化を世界に広く知らせることに加えて、キムジャン文化を守っていくことなどがその目的だ。最近は、新鮮なキムチをすぐ買うこともできるし、キムチを食べる量が少なくなって、キムジャンの時に作るキムチの量も少なくなったと言われている。伝統的な食文化が変化してしまわないように守ろうという考えなのだ。
　また、日本の「和食」も無形文化遺産に登録された。米やみそ、野菜や魚など、健康的で栄養バランスのよい食事であること、自然の美しさや四季の変化に合わせて食器を選んだり、盛りつけをする独自の文化があることなどが世界遺産に選ばれた理由だ。「和食」には、外国でもよく知られているすしやさしみはもちろん、お客さんをもてなす会席料理のようにマナーや作法の厳しいものもある。また、おせち料理のように、季節や行事に合わせた料理もあり、とても幅が広い。
　しかし、このような伝統的な文化を持った「和食」を食べる機会がどんどん少なくなっている。伝統的な和食のレストランは高級でなかなか行くことができないし、最近の若者は洋風化した食事やファストフードを好む傾向にある。
　韓国でも日本でも、「世界遺産に選ばれたからには、世界に食文化を伝えたい！」という人が増えた。しかし、まずは自分たちが自らの文化をよく知る必要があるのではないだろうか。現代社会においては、キムジャンも和食も手間がかかる面倒なものなのかもしれないが、自らの食文化を愛することも大切だ。本当の意味で「世界遺産」になれるかどうか、それは私たちの心がけ次第だ。

신출단어&표현

食文化 음식 문화	ユネスコ 유네스코	世界遺産 세계 유산
無形文化遺産 무형문화유산	キムチ 김치	キムジャン 김장
和食 일식	伝統的だ 전통적이다	登録する 등록하다
決定する 결정하다	～分 ~분, 분량	
風物詩 풍물시(그 계절을 대표하는 물건이나 행사)		加える 더하다, 가하다
目的 목적	量 양	米 쌀
みそ 된장	健康的だ 건강적이다	栄養 영양
美しさ 아름다움	合わせる 맞추다, 맞게 하다	食器 식기
選ぶ 고르다, 선택하다	盛りつけ 음식을 식기에 보기 좋게 담기	独自 독자
もてなす 대접하다	会席料理 회석요리(연회를 위한 고급 요리)	マナー 매너
作法 예의범절, 법식	おせち料理 세찬, 설음식	行事 행사
幅が広い 폭이 넓다	機会 기회	どんどん 점점
高級だ 고급스럽다	なかなか 좀처럼	洋風化 서양풍, 양식
自ら 스스로	現代社会 현대사회	
手間がかかる 손이 많이 가다, 품(시간)이 많이 들다		心がけ 마음가짐
筆者 필자		

내용 체크

본문을 읽고, 맞는 것에 ○를 해 주세요.

① 日本の和食と韓国のキムジャン文化はユネスコの世界遺産に登録された。　　(　　)

② 韓国では春に「キムジャン」をする。　　(　　)

③ 「和食」とは、すしやさしみのことだけをいう。　　(　　)

④ 日本では、伝統的な和食を食べる機会がたくさんある。　　(　　)

⑤ 筆者は、韓国でも日本でも自らの食文化を愛することが大切だと話している。　　(　　)

포인트 정리

1 〜に加えて 〜에 더하여

명사에 붙어, '〜에 덧붙여서, 〜에다가'라는 의미이며, 첨가를 나타낼 때 쓴다. 문어체적인 표현이다.

- 例 キムジャン文化が世界遺産に登録されると、キムジャン文化を世界に知らせることに加えて、その文化を守っていくこともできるだろう。

  ここではひのき風呂に加えて、様々な種類のサウナなども楽しめる。

※「〜に加え」는「〜に加えて」에 비해 보다 문어체적이다.

- 例 激しい雨に加え、風も強くなってきた。

2 〜からには 〜 한 이상(에는), 〜이니까

동사에 붙어(명사의 경우에는 명사+である), '어떤 상황이 된 이상은'이라는 의미를 나타낸다. 뒤에는 '끝까지 관철한다'는 화자의 강한 의지 표명, 결의 표현 등이 온다.

- 例 世界遺産に選ばれたからには、世界にキムジャン文化を伝えたい。

  試合に出るからには、絶対勝ちたい。

※「〜以上(は)」는「〜からには」와 마찬가지로 화자의 강한 의지도 나타내지만, 오히려, 소극적으로 '어쩔 수 없이'라는 의미를 나타내는 경향이 있다.

- 例 20歳になった以上は、自分でお小遣いを稼ぐしかない。

  こうなった以上は、会社をやめるしかない。

신출단어

風呂 목욕, 목욕탕　**サウナ** 사우나　**激しい** 세차다　**風** 바람　**絶対** 절대, 절대로　**お小遣い** 용돈
稼ぐ (돈, 시간 등을) 벌다

3 〜において ～에 있어서

명사에 붙어, 동작이나 사건 등이 일어나는 장소, 장면, 시간 등을 나타낼 때 쓴다.

- 現代社会において、キムジャンは手間がかかる面倒なものなのかもしれない。

- （ニュース）本日、富士山において初雪が観測されました。

※명사를 수식할 때에는「〜における」의 형태를 사용한다.

- アメリカの大学における教育システムなどについて調べてみた。

4 〜次第だ ～에 따라서다, ～에 달려 있다

명사에 붙어, '그 명사에 따라 바뀐다, 좌우된다'라는 것을 나타낸다.

- 和食が本当の意味で世界遺産になれるかどうかは私たちの心がけ次第だ。

- 大学に進学するかどうかはあなた次第だ。

※「〜次第だ」는 동사의 ます형에 붙어, '～하면 바로'라는 의미를 나타낸다. 어떤 일이 실현되면, 그 다음 행동을 바로 한다는 것을 나타낸다.

- 結果がわかり次第、ご連絡します。

- 情報が入り次第、すぐにお伝えします。

신출단어

本日 금일, 오늘　**初雪** 첫눈　**観測する** 관측하다

연습문제

1 □ 안에서 알맞은 표현을 골라 ( ) 안에 넣어 주세요. 필요하면 형태를 바꿔 주세요.

① 将来は（　　　　　）人と一緒に仲良く暮らしたいです。

② 中西さんに会ったら、「ありがとう」と（　　　　　）ください。

③ 10枚のカードがあります。この中から3枚（　　　　　）ください。

④ お客様がいらっしゃるので、手作りのケーキで（　　　　　）ことにした。

⑤ 映画館ではマナーを（　　　　　）ましょう。

| 知らせる | 守る | 愛する | 合わせる |
| 選ぶ | 伝える | もてなす | 好む |

2 □ 안에 있는 문형을 골라, ( ) 안에 알맞은 형태로 넣어 주세요.

① 今日は、これまでの規則（　　　　　）、ゴミの捨て方についてもお知らせします。

② 人生（　　　　　）、最も大切なことは、満足感を持って生きることだと思う。

③ 明日遠足に行けるかどうかは、天気（　　　　　）。

④ 一度やると決めた（　　　　　）、最後まであきらめてはいけない。

| ～において　　～からには　　～次第だ　　～に加えて |

신출단어

将来 장래　仲良く 사이좋게　手作り 손수 만듦, 수제　規則 규칙　ゴミ 쓰레기　捨てる 버리다
最も (무엇보다도) 가장　満足感 만족감　生きる 살다, 생존하다　遠足 소풍

3 제시된 단어를 사용하여, 올바른 문장을 만들어 주세요.

① (成功／どうか／考え方／思う)

自分の人生を＿＿＿＿＿＿＿＿＿＿は、
＿＿＿＿＿＿＿次第だ。

② (発表／割引セール／行う／新製品)

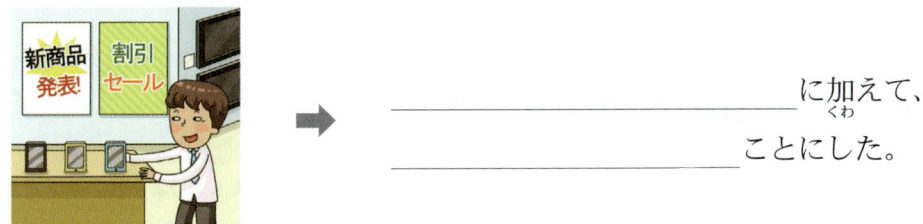

＿＿＿＿＿＿＿＿＿＿＿に加えて、
＿＿＿＿＿＿＿＿＿＿＿ことにした。

4 선으로 연결하여 올바른 문장을 만들어 주세요.

㋐ 今回実施したアンケート　　　・　　　・Ⓐ 結果は教えないものだ。
　　調査において
　　　　　　　　　　　　　　　　　　　・Ⓑ 50代男性の86％が料理が苦手だと
　　　　　　　　　　　　　　　　　　　　　いう結果が出た。

㋑ アンケート調査をした　　　・　　　・Ⓒ 結果をきちんと発表するべきだ。
　　からには

| 신출단어 |

割引 할인　　**セール** 세일, 판매　　**新製品** 신제품　　**実施する** 실시하다　　**アンケート** 앙케트　　**調査** 조사
苦手だ 서투르다, 잘하지 못하다　　**きちんと** 정확히, 깔끔히

5 아래 표 안에서 가로(→), 세로(↓), 대각선(↘) 방향으로 한자 단어를 찾아 주세요.

和	現	伝	健
栄	代	加	康
養	社	客	的
地	会	季	節

6 올바른 한자 읽기를 골라 ○를 해 주세요.

伝統的（でんとうてき・てんどうてき）な 和食（はしょく・わしょく）は、四季（さき・しき）に合わせた料理を作るだけではなく、食器（しっき・しょっき）も季節に合わせて選ぶ。味だけではなく、目で見て楽しむことができるのが和食の特徴だ。しかし、マナーや作法（さほう・さくほう）が難しいのも事実だ。

| 신출단어 |

特徴 특징　　**事実** 사실
とくちょう　　じじつ

함께하기

●和食の基本は「一汁三菜」で、ご飯にみそしる、おかずが3つで、主菜が1つと副菜が2つです。下の韓国語を見ながら一汁三菜を並べてみましょう。

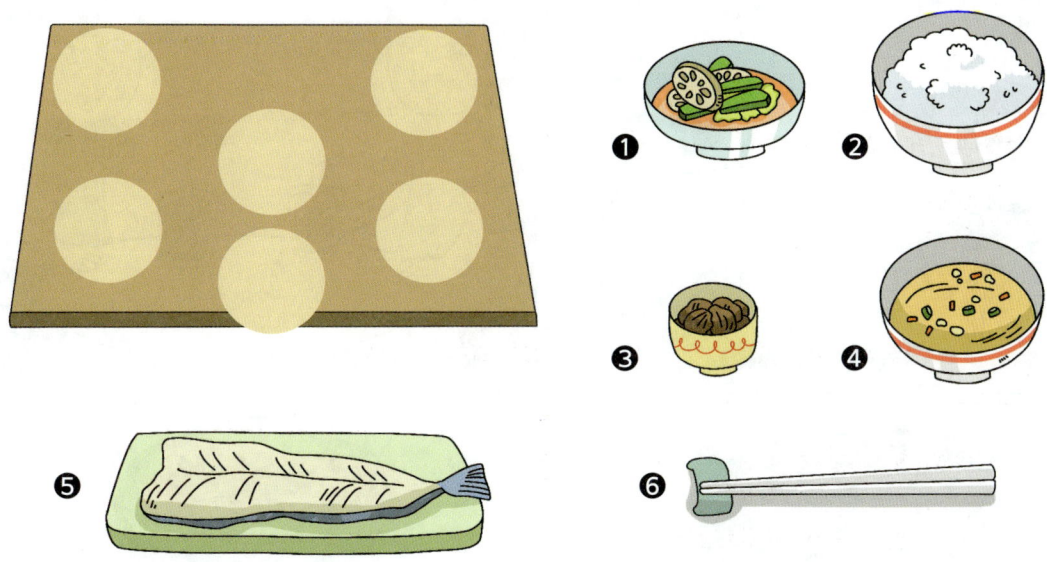

(1) 젓가락은 앞줄 가운데, 가로로 놓는다.

(2) 밥은 앞줄 왼쪽에

(3) 국은 앞줄 오른쪽에

(4) 채소 절임은 가운데에

(5) 생선이나 고기류는 윗쪽의 왼편에

(6) 야채 조림은 윗쪽의 오른편에

| 신출단어 |

基本 기본 **一汁三菜** 국 한 가지, 반찬 세 가지로 된 상차림(일본 식사의 기본적인 식단) **みそしる** 된장국 **おかず** 반찬
主菜 주가 되는 반찬 **副菜** 주된 반찬과 함께 제공되는 채소 절임 같은 것

쉬어가기 — 카페에서 친구와

土用の丑の日

한여름을 건강하게 날 수 있는 복날 음식으로 한국은 삼계탕을 먹지만, 일본은 '土用の丑の日'라 하여 'うなぎ'를 먹는다. 1700년대 에도시대부터 장어 먹는 날의 전통이 생겼는데, '土用の丑の日'는 '달력에 소의 날에 해당하는 축(丑)일에 우(う)의 글자가 붙는 것을 먹는 사람은 더위를 타지 않는다'는 속설에서 따온 것으로 복날 기간에 장어 요리를 파는 음식점에 줄 서있는 일본인들을 쉽게 볼 수 있다.

10
御社が第一志望です

学습 포인트

1. 〜ばかりか
2. 〜に従って
3. 〜といっても
4. 〜に違いない

御社が第一志望です

　就活解禁日―オフィス街は「リクルートスーツ」と呼ばれる黒や紺のスーツを着た学生でいっぱいになる。この日から数か月、日本の学生たちは卒業後の進路を求めて就職活動のために走り回る。

　韓国では、卒業前の最後の学期か卒業後に会社に履歴書を送り、就職の試験を受ける。そして、決まったらすぐ入社する。その時期はばらばらだ。一方、日本は世界でもめずらしい「新卒一括採用制度」が採られている。日本には「〇月〇日から学生と企業が接触していいですよ」という「就職活動解禁日」がある。企業は、解禁日前には学生に接触するばかりか会社説明会を開くことさえできない。

　最終面接に合格すると「内々定」が出る。内々定とは「来年の4月1日から我が社で働くことができますよ」という非公式の約束だ。そして10月1日に正式な内定をもらい、翌年の4月1日から新入社員として働き始める。社会の変化に従って解禁日や面接の形式が変わっても、この一括採用制度だけは昔から変わることなく続いている。

「あなたが大学時代を通じて学んだことは何ですか」
「大学時代に得たものは何ですか」

　面接やエントリーシートで聞かれる、このスタンダードな質問に多くの学生が頭を悩ませる。どのような目的を持って大学生活を送ってきたのか、困難にぶつかった時どのように乗り越えたのかを問う質問だとはわかっていても、それをわかりやすくアピールすることは簡単ではない。

　就職活動といっても、日本では韓国ほど学生のスペックは要求されない。スペックよりも、むしろ、学生が持つ将来性が重視される。しかし、「将来性」とは本人の目に見えるものではない。面接も悪くなかったし、内定がもらえるに違いないと思ってもだめな時もあるし、その反対もある。どの会社でも「御社が第一志望です」と言いながら自分をアピールする。就活が終わってから「自分が自分でなくなるようだった」と振り返る人も少なくない。韓国でも日本でも学生を悩ませる就職活動。一人でも多くの人が希望の進路に進めることを願う。

신출단어&표현

御社 おんしゃ 귀사	第一志望 だいいちしぼう 제1지망	就活(就職活動) しゅうかつ(しゅうしょくかつどう) 취업 활동, 구직 활동
解禁日 かいきんび 해금일, 금지령이 풀리는 날	オフィス街 がい 오피스 거리, 도심	
リクルートスーツ 리쿠르트 슈트(학생들이 취업 활동 할 때 입는 슈트)		紺 こん 감색
進路 しんろ 진로	求める もと 구하다, 찾다	走り回る はしまわ 뛰어다니다
学期 がっき 학기	履歴書 りれきしょ 이력서	入社する にゅうしゃ 입사하다
時期 じき 시기	ばらばらだ 뿔뿔이다, 제각각이다	
新卒一括採用制度 しんそついっかつさいようせいど 기업이 졸업 예정인 학생을 대상으로 입사시험을 실시, 내정하여 졸업한 다음 달부터 근무시키는 제도		
採る と 뽑다, 채용하다	企業 きぎょう 기업	接触する せっしょく 접촉하다
会社説明会 かいしゃせつめいかい 회사 설명회	開く ひら 열다, 개최하다	～さえ ~조차
内々定 ないないてい 취직을 희망하는 신규졸업자에 대해서 기업이 내는 비공식 채용 예정 통지		我が社 わしゃ 우리 회사
非公式 ひこうしき 비공식	正式だ せいしき 정식이다	内定 ないてい 내정
翌年 よくねん 익년, 다음 해	新入社員 しんにゅうしゃいん 신입사원	働き始める はたらはじ 일하기 시작하다
形式 けいしき 형식	～を通じて つう ~을 통해	得る え 얻다
エントリーシート 엔트리시트(입사지원서)		スタンダードだ 표준이다, 평범하다
悩む なや 괴로워하다, 고민하다	困難 こんなん 곤란, 어려움	ぶつかる 부딪치다, 부닥치다
乗り越える のこ 극복하다, 타고 넘다	問う と 묻다, 질문하다	アピールする 어필하다
スペック 스펙	要求する ようきゅう 요구하다	むしろ 오히려
将来性 しょうらいせい 장래성	重視する じゅうし 중시하다	本人 ほんにん 본인
振り返る ふかえ 되돌아보다, 회고하다	希望 きぼう 희망	

내용 체크

본문을 읽고, 맞는 것에 ○를 해 주세요.

① 日本では、大学を卒業してから就職活動を始める人が多い。 (　　)
② 「就職活動解禁日」を過ぎないと、企業は面接試験をすることができない。 (　　)
③ 日本では、大学を卒業して、10月1日から新入社員として働き始める。 (　　)
④ 韓国の会社は、日本の会社よりも学生にスペックを要求する。 (　　)
⑤ 日本の会社は韓国の会社ほど学生の将来性を重視しない。 (　　)

포인트 정리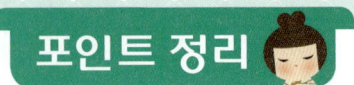

1   〜ばかりか   〜뿐만 아니라, 〜하기는커녕

명사, 동사, 형용사에 접속하여, 우선 정도가 약한 것에 대해 말한 후, '그것뿐만 아니라, 그것보다 더 정도가 강한 것까지도'라는 것을 나타낼 때 쓴다. 문어체적인 표현이다.

- 예) 企業は解禁日前には学生に接触するばかりか会社説明会を開くことさえできない。

  彼女は遅刻したばかりか宿題も忘れてきた。

※「〜ばかりか」는「〜だけでなく」로 바꿔 쓸 수 있다.

- 예) 彼女は英語ばかりかフランス語も話せる。

  彼女は英語だけでなくフランス語も話せる。

2   〜に従って   〜에 따라서

명사나 동사의 사전형에 붙어, '그 명사에 따라' 또는 '그 동작이나 동작이 진행됨에 따라'라는 의미를 나타낸다. 한쪽의 변화와 함께 다른 한쪽도 변한다라는 것을 나타낸다. 뒤에는 앞에서 말한 동작이나 작용의 진행에 따라 생긴 변화에 대한 표현이 오는 경우가 많다.

- 예) 社会の変化に従って解禁日や面接の形式は変わってきた。

  学年が上がるに従って、勉強が難しくなってきた。

※「〜に従って」는 사람, 규칙, 지시 등을 나타내는 명사에 붙어, '그 명사대로 하다'라는 의미를 나타낼 때도 있다.

- 예) 先生の指示に従って、行動してください。

| 신출단어 |

学年 학년   **指示** 지시

3 〜といっても 〜라고 해도

명사, 동사, 형용사에 붙어, 앞에서 말한 내용에 대해서, '그것이 실제로는 그렇게 정도가 무거운 것은 아니다'라는 것을 나타낸다.

- 就職活動といっても、日本では韓国ほど学生のスペックが要求されない。

  料理ができるといっても、ラーメンぐらいです。

4 〜に違いない 〜임에 틀림없다

동사, 명사, 형용사에 붙어, 어떤 근거에 바탕을 둔 확신적 추측을 나타낼 때 쓴다. 화자의 주관적인 생각을 나타낼 때 쓴다.

- 面接も悪くなかったし、内定がもらえるに違いないと思ってもだめな時もある。

  頭も痛いし、熱もある。風邪をひいたに違いない。

※「〜に違いない」와「〜はずだ」는 둘 다 확신적 추측을 나타낼 수 있어서, 바꿔 쓸 수 있는 경우도 있지만, 추측을 나타내지 않고, 〈납득〉을 나타내는 경우는「はずだ」만 쓸 수 있다.

- [비교] 2時の新幹線に乗ったから、今頃は家に着いているに違いない／はずだ。(추측)

  A: 日本は４月末から一週間ぐらい連休だって。
  B: どうりで、チケットが取れないはずだね。（○）(납득)
  　　どうりで、チケットが取れないに違いないね。（×）

| 신출단어 |

末(まつ) 말　　どうりで 그 때문에, 어쩐지

연습문제

1 □ 안에서 알맞은 표현을 골라 ( ) 안에 넣어 주세요.

① (　　　　　)は悪くないのに、なかなか就職が決まらない。

② マラソン大会の出場を希望する方は、この（　　　　　）に記入して出してください。

③ 自分の長所を上手に（　　　　　）できるようになりたい。

④ 流行に左右されない（　　　　　）なスタイルのジャケットがほしい。

⑤ ５キロも太ってしまい、去年買った（　　　　　）は着れそうにない。

| アピール | アナウンス | エントリーシート | オフィス |
| スーツ | スタンダード | スペック | マナー |

2 □ 안에 있는 문형을 골라, ( ) 안에 알맞은 형태로 넣어 주세요.

① アルバイト（　　　　　）、週に１回、３時間だけです。

② 妹はあんなに勉強していたのだから、今度こそ合格する（　　　　　）。

③ 寝坊して遅刻した（　　　　　）、宿題を家に置いてきてしまった。

④ 息子は成長する（　　　　　）、だんだん無口になってきた。

| ～ばかりか　　～に従って　　～といっても　　～に違いない |

――― 신출단어 ―――

マラソン 마라톤　記入する 기입하다　長所 장점　無口だ 과묵하다

3 제시된 단어를 사용하여, 올바른 문장을 만들어 주세요.

① (スマートフォン／デジカメ／普及／減少する／売り上げ)

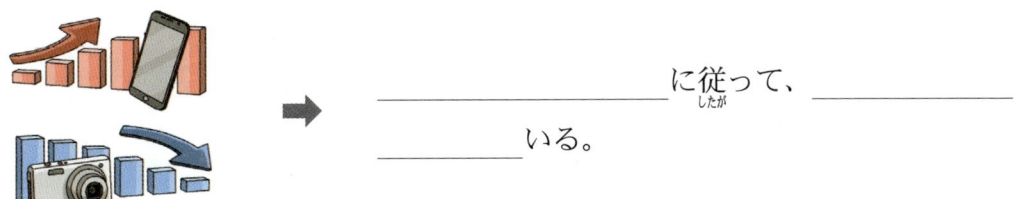

→ ＿＿＿＿＿＿＿＿＿＿に従って、＿＿＿＿＿＿

＿＿＿＿＿いる。

② (あの店／人／おいしい／並ぶ／いつも／きっと)

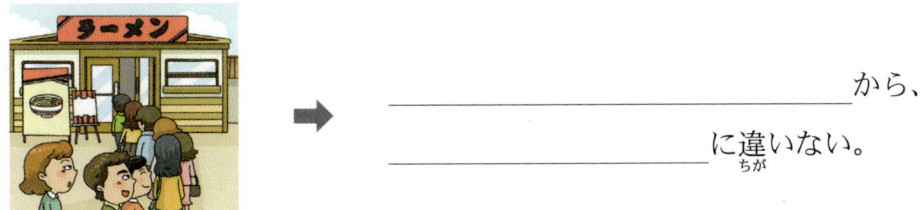

→ ＿＿＿＿＿＿＿＿＿＿＿＿＿＿から、

＿＿＿＿＿＿＿＿＿＿＿＿に違いない。

4 선으로 연결하여 올바른 문장을 만들어 주세요.

㋐ 彼女は、英語やフランス語   ・ ⓐ 半年だけです。
　 ばかりか
                                    ・ ⓑ アラビア語まで話せる。

㋑ 外国に住んだ経験があると   ・ ⓒ ドイツに留学しました。
　 いっても

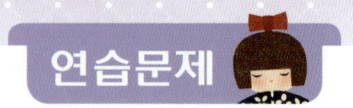

5 아래 표 안에서 가로(→), 세로(↓), 대각선(↘) 방향으로 한자 단어를 찾아 주세요.

就	着	志	望
御	職	卒	制
括	昔	活	度
履	歴	書	動

6 올바른 한자 읽기를 골라 ○를 해 주세요.

日本では、学生を採用（さいよう・せいよう）する時(とき)に、学生の持(も)つ将来性（しょらいせい・しょうらいせい）を重視（ちゅうし・じゅうし）する。韓国ほどスペックは要求（ようきゅ・ようきゅう）されないが、内定(ないてい)をもらうのは簡単(かんたん)ではない。最終面接（さいしゅうめんせつ・さいじょうめんぜつ）まで行っても合格(ごうかく)できないこともある。

| 함께하기 |

●日本の履歴書を見ながら次の問題に答えてみよう。
　りれきしょ　　　　　　つぎ　もんだい　こた

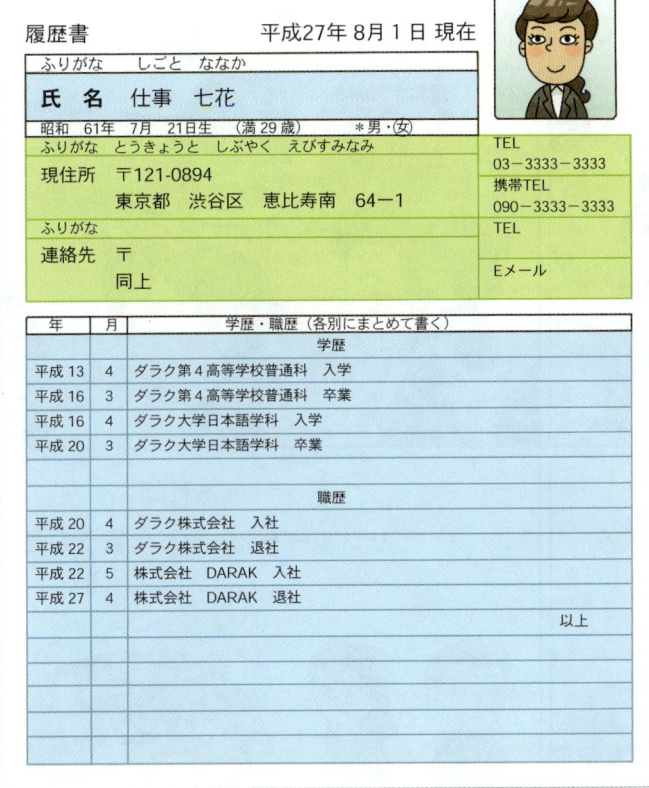

(1) 名前は何ですか。
　　　なん
　　_____

(2) 何歳ですか。
　　なんさい
　　_____

(3) 大学の専攻は何ですか。
　　　　せんこう
　　_____

(4) 履歴書にアルバイトの経験は
　　　　　　　　　　　　けいけん
　　書いてもいいですか。
　　① ○　　　② ×

(5) ①～③の写真で正しいものはどれですか。
　　　　しゃしん　ただ

① 　　② 　　③

| 신출단어 |

平成 헤세(현재의 일본 연호)　**現在** 현재　**ふりがな** 한자 위에 읽는 법을 단 것　**氏名** 성명　**満** 만　**現住所** 현주소
へいせい　　　　　　　　　　げんざい　　　　　　　　　　　　　　　　　　　　　　　　　　しめい　　　まん　　げんじゅうしょ
携帯 휴대　**連絡先** 연락처　**同上** 동상, 상동, 위에 적힌 사실과 같음　**Eメール** 전자우편, 이메일(e-mail)　**学歴** 학력
けいたい　　れんらくさき　　どうじょう　　　　　　　　　　　　　　　　　　　　　　　　　　　　　　　　　　　がくれき
職歴 직력, 직업 경력　**各別** 각별, 각각　**まとめる** 정리하다　**高等学校** 고등학교　**株式会社** 주식회사　**退社** 퇴사
しょくれき　　　　　　かくべつ　　　　　　　　　　　　　　こうとうがっこう　　かぶしきがいしゃ　　たいしゃ

쉬어가기 오피스가에서

リクルートスーツ

일본에서 취업 활동을 하는 사람들은 모두 같은 색과 디자인의 '리쿠르트스츠'를 입는다. 일본은 모두 검은색이나 짙은 곤색을 띠는 정장에 흰색 와이셔츠나 흰색 블라우스, 검은 가방, 검은 구두로 거의 비슷한 차림으로, 이 시기에는 지하철이나 오피스가 곳곳에서 이런 복장들의 사람들을 쉽게 볼 수 있다. 이것은 모두 공평하다는 인식과 함께 남들과 같은 모습이라 안심되어 튀지 않는 무난함과 동시에 외향이 아닌 그 사람 자체의 성품과 성실함을 어필할 수 있는 기회를 주기 때문이다.

11 方言は、「めっちゃ」おもしろい！

학습 포인트

1. 〜に基づいて
2. 〜とともに
3. 〜わりには
4. 〜ことはない

方言は、「めっちゃ」おもしろい！

　どんな国の言葉にも必ずあるのが「方言」。外国語を勉強する時、普通は「標準語」とか「共通語」と言われる言葉を中心に勉強をする。しかし、実際にその国の人と話すと方言で話している人によく会う。

　日本語でいえば、東京の言葉に基づいて作られた言葉が「共通語」で、教科書や新聞やテレビなどで用いられる。それに対して地方ごとに使われる言葉があり、それを「方言」という。日本は縦に長いという地理的な条件もあって、方言がたくさんある。

　あるものを見せて「これを何と言いますか」と質問した時に、地方によって答えが全然違うものがある。例えば、けがをした時に貼る「ばんそうこう」。北海道では「サビオ」、九州では「リバテープ」ということが多いそうだ。これは、それぞれの地域でよく売れている商品の名前が使われるようになったからだと言われている。「とても大きい」という時の「とても」にも方言がある。大阪では「めっちゃ」、北海道では「なまら」、広島では「ぶち」と言ったりもする。

　また、あいさつにも方言がある。「ありがとう」という時、大阪では「おおきに」、島根では「だんだん」などと言うそうだ。夜のあいさつ「こんばんは」もおもしろい。北海道や東北では「おばんです」と言ったり、滋賀や奈良では「おしまいなあれ」と言うこともあるそうだ。

　しかし、これらの方言は時代とともにあまり使われなくなってきた。方言はカッコ悪いというイメージがあるのか、若い世代を中心にあまり使われなくなっている。東京などの大都市に引っ越したら方言を使わないという人も多い。そのわりには、方言を使って地方をアピールするCMやドラマは人気がある。つまり、方言は人々の心のふるさとなのだろう。

　方言を話すからといって恥ずかしがることはない。方言を使うと、むしろその地方の人と心が近づくチャンスにもなるだろう。もし、地方を旅行することがあれば、方言を使ってみるのはどうだろう。相手はきっと喜んでくれるはずだ。共通語だけではなく、方言のあたたかさやおもしろさに触れてみるのもいいのではないだろうか。

신출단어&표현

方言(ほうげん) 방언	めっちゃ 아주, 몹시, 매우〈오사카 사투리〉	普通(ふつう) 보통
標準語(ひょうじゅんご) 표준어	共通語(きょうつうご) 공통어	〜を中心に(ちゅうしん) 〜을 중심으로
実際に(じっさい) 실제로	地理的だ(ちりてき) 지리적이다	条件(じょうけん) 조건
ある 어떤	ばんそうこう 반창고	サビオ 반창고〈훗카이도 사투리〉
リバテープ 반창고〈규슈 사투리〉	なまら 아주, 몹시, 매우〈훗카이도 사투리〉	広島(ひろしま) 히로시마〈지명〉
ぶち 아주, 몹시, 매우〈히로시마 사투리〉	あいさつ 인사	おおきに 고맙다〈오사카 사투리〉
だんだん 고맙다〈시마네 사투리〉	島根(しまね) 시마네〈지명〉	
おばんです 안녕하세요〈훗카이도 및 동북지방 사투리〉		滋賀(しが) 시가〈지명〉
奈良(なら) 나라〈지명〉	おしまいなあれ 안녕하세요〈시가 및 나라 사투리〉	
カッコ悪い(わる) 꼴사납다, 멋이 없다	大都市(だいとし) 대도시	引っ越す(ひこ) 이사하다
CM CM, CF, 커머셜, 전파 매체용 광고	つまり 결국, 요컨대	恥ずかしがる(は) 부끄럽게 여기다
近づく(ちか) 접근하다, 다가가다	チャンス 찬스	喜ぶ(よろこ) 즐거워하다, 기뻐하다
触れる(ふ) 접촉하다, 느끼다		

내용 체크

본문을 읽고, 맞는 것에 ○를 해 주세요.

① 大阪(おおさか)の言葉から共通語(きょうつうご)が作られた。　　　　　　　　　　　(　　)

② 北海道(ほっかいどう)ではばんそうこうのことを「リバテープ」と言う。　　(　　)

③ 「とても」という言葉にも方言(ほうげん)がある。　　　　　　　　　　　　　　(　　)

④ 島根(しまね)で「だんだん」という言葉は「ありがとう」という意味(いみ)だ。　(　　)

⑤ この頃(ごろ)若(わか)い人は方言をあまり使(つか)わないようになっている。　(　　)

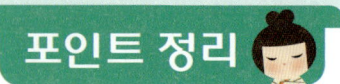

포인트 정리

1 〜に基（もと）づいて　〜을 기준으로, 〜을 바탕으로

명사에 붙어, '그것을 기준으로, 기초로, 근거로'라는 것을 나타낼 때 쓴다.

- 예) 共通語（きょうつうご）は東京（とうきょう）の言葉に基づいて作られた言葉だ。

  この映画は実話（じつわ）に基づいて作られた。

※「〜に基づいて」와 마찬가지로「〜にそって」도 기준을 나타낼 때 쓴다.

- 비교) 手順（てじゅん）に基づいて進（すす）めてください。

  手順にそって進めてください。

※단,「〜にそって」가 '물리적 거리를 두지 않고'라는 의미를 나타낼 때는「〜に基づいて」와 바꿔 쓸 수 없다.

- 비교) この道（みち）にそってまっすぐ行くと郵便局（ゆうびんきょく）が見えます。（○）

  この道に基づいてまっすぐ行くと郵便局が見えます。（×）

2 〜とともに　〜와 함께

명사나 동사의 사전형에 붙어, 한쪽의 동작, 변화에 따라 다른 동작에 변화가 일어난다는 의미를 나타낸다.

- 예) 方言（ほうげん）は時代（じだい）とともにあまり使（つか）われなくなってきた。

  年（とし）をとるとともに体力（たいりょく）が衰（おとろ）えてきた。

※두 개의 동작 등이 동시에 일어나는 경우에도 쓸 수 있다.

- 예) 小林（こばやし）先生は学生を指導（しどう）するとともに、研究（けんきゅう）にも力（ちから）を入（い）れている。

| 신출단어 |

実話（じつわ） 실화　　**手順**（てじゅん） 순서　　**年をとる**（とし） 나이를 먹다　　**衰える**（おとろ） 쇠약하다, 쇠퇴하다　　**研究**（けんきゅう） 연구　　**力を入れる**（ちから・い） 힘을 쏟다

※「～とともに」는 명사에 붙어, '그 명사와 함께, 협력해서'등의 의미도 나타낼 수 있다.

- 例 仲間とともに最後まで頑張っていきたいと思います。

3 ～わりには　～치고는

명사나 동사 등에 붙어, 화자가 예상한 내용과 다른 모습을 나타낼 때 쓴다. 의외의 기분을 나타낼 때 쓴다.

- 例 東京に引っ越したら方言を使わないという人も多い。そのわりには、方言を使って地方をアピールするCMなどは人気がある。

  2月のわりには暖かい。

※「わりと」는 '생각했던 것보다, 비교적'이라는 의미를 나타낸다. 회화에서 주로 쓴다.

- 例 この店、わりと安いんだよね。

  今日のテストはわりと易しかった。

4 ～ことはない　～할 것은 없다

동사의 사전형에 붙어, 그 행동은 '～할 필요가 없다, 하지 않아도 된다'라는 의미를 나타낸다. 격려하거나 충고할 때 자주 쓰인다.

- 例 方言を話すからといって恥ずかしがることはない。

  ただの風邪だから、心配することはない。

※「～ことはない」는 「～必要はない」로 바꿔 쓸 수 있다.

- 例 ただの風邪だから、心配する必要はない。

신출단어

仲間 동료　**頑張る** 열심히 하다, 분발하다　**易しい** 쉽다　**ただ** 단지

연습문제

1 □ 안에서 알맞은 표현을 골라 ( ) 안에 넣어 주세요.

① 道が混んでいる時は、タクシーよりも（　　　　　）地下鉄のほうが早い。

② 大阪と東京では話す言葉が（　　　　　）違う。

③ 話には聞いていたが、（　　　　　）この映画を見て本当に感動した。

④ 今日はありがとうございました。今日のことは（　　　　　）忘れないと思います。

⑤ 日本には歴史的な都市がたくさんある。（　　　　　）奈良、京都、鎌倉などだ。

| 普通 | きっと | とても | 実際に |
| 例えば | 全然 | むしろ | あまり |

2 □ 안에 있는 문형을 골라, ( ) 안에 알맞은 형태로 넣어 주세요.

① 先生のアドバイス（　　　　　）勉強の方法を変えてみることにした。

② 君は間違っていないのだから、謝る（　　　　　）。

③ 強い雨（　　　　　）風まで吹き始めた。

④ あのすし屋は、値段が高い（　　　　　）あまりおいしくない。

　～とともに　　～に基づいて　　～ことはない　　～わりには

신출단어

感動する 감동하다　**歴史的だ** 역사적이다　**鎌倉** 가마쿠라(지명)　**君** 그대, 자네, 너　**謝る** 사과하다, 사죄하다　**吹く** 불다

3 제시된 단어를 사용하여, 올바른 문장을 만들어 주세요.

① (面接／準備する／いろいろ／心配する／〜てくる／今日)

＿＿＿＿＿＿＿のために＿＿＿＿＿＿＿＿＿＿
のだから、＿＿＿＿＿ことはない。

② (テスト／勉強する／あまり／点数／悪くない)

＿＿＿＿＿＿＿＿＿＿＿＿わりには、
＿＿＿＿＿＿＿＿＿＿＿＿＿＿＿。

4 선으로 연결하여 올바른 문장을 만들어 주세요.

㋐ 時代とともに　　・　　・Ⓐ 日本人の食生活は大きく変化した。

　　　　　　　　　　・Ⓑ 新しいビルの建設を進めることにした。

㋑ 都市計画に基づいて・　　・Ⓒ 多くの人が引っ越しをした。

|신출단어|

点数 점수　**計画** 계획　**建設** 건설

연습문제

5 아래 표 안에서 가로(→), 세로(↓), 대각선(↘) 방향으로 한자 단어를 찾아 주세요.

大	共	通	語
世	都	島	共
法	阪	市	商
通	地	域	品

6 올바른 한자 읽기를 골라 ○를 해 주세요.

日本は縦（たて・だて）に長いという地理的な条件（じょけん・じょうけん）もあっ
　　　　　　　　　　　　　　　ちりてき
て、たくさんの方言（ほうげん・ほけん）がある。同じものでも地方によって全く
　　　　　　　　　　　　　　　　　　　　　　　　ちほう　　　　　まった
違（ちが・ちか）う言葉になるのでおもしろい。旅行などで地方に行った時、その
　　　　　　　　　　　　　　　　　　　　　　りょこう　　　　　　　とき
地方の方言で話しかけると、相手が喜（よろこ・よころ）んでくれるかもしれない。
　　　　　　　はな　　　　　あいて

| 신출단어 |

話しかける 이야기(말)를 걸다
　はな

함께하기

●日本の地域別の「ありがとう」のあいさつを一緒に読んでみよう。

■ありがとう

* 출처 : 国立国語研究所『方言文法全国地図』第5集

| 신출단어 |

地域別 지역별　**岩手** 이와테(지명)　**埼玉** 사이타마(지명)　**新潟** 니가타(지명)　**京都** 교토(지명)　**岐阜** 기후(지명)
山口 야마구치(지명)　**鹿児島** 가고시마(지명)

関東と関西

일본은 각 지역별로 사투리뿐만이 아니라, 음식에 따라 조리법과 이름 등에 차이가 있다.
이 중, 간토(関東) 지방과 간사이(関西) 지방에서 가장 두드러지는 차이가 나타나는데, 간토(関東) 지방인 도쿄(東京)의 요리는 설탕과 진한 간장을 써 음식 맛이 진하고, 국물이 거의 없는 것이 특징이며 'そば'를 많이 먹는다. 간사이(関西)지방의 음식은 맛이 연하며 국물이 많고, 'うどん'을 즐겨 먹는다. 또한, 'おにぎり'의 경우 간토(関東) 지방에서는 'おむすび', 간사이(関西) 지방에서는 'おにぎり'라 불리며, '떡(餅)'의 경우 간토(関東) 지방에서는 '切り餅', 간사이(関西) 지방에서는 '丸餅'로 떡의 모양이 다른 특징이 있다.

12

今しか買えない、ここでしか買えない

학습 포인트

1. 〜に限(かぎ)り
2. 〜ものなら
3. 〜ついでに
4. 〜に関(かか)わらず

今しか買えない、ここでしか買えない

　韓国のコンビニでは「１＋１」というシールをよく目にする。スーパーでも「１箱買ったら、もう１つおまけ」というシールがあちこちに貼られている。これらは日本ではあまり見かけない光景だが、みなさんは、韓国ではなぜこのような言葉がよく使われるのか考えたことがあるだろうか。

　日本のコンビニでは「１＋１」ではなく、「○○限定」というシールがいろいろな商品に貼られている。冬の期間に限り販売される「冬季限定チョコレート」、コンビニでしか買えない「コンビニ限定ビール」など、「限定」という文字が店内のあちこちで踊っている。

　デパートの化粧品売り場に行けば「こちらは今年の冬限定のカラーなんですよ」などといったセールストークが聞こえてくる。その色が一生作られないということはないだろうし、春には違う商品名で売られるかもしれないのに、「限定」と聞くとなぜか「このチャンスを逃そうものなら二度と買えない」という気持ちにさせられる。

　日本人は旅行に行くとお土産、特にちょっとした食べ物を買う人が多い。地方の駅や観光地では、その地方の特産物とともに「○○限定」と書かれたお菓子が並んでいる。スーパーで買えば150円ぐらいのスナックやキャラメルが、北海道なら「北海道メロン味」、大阪なら「たこやき味」、福岡なら「明太子味」というように、その地方の特産物の味に加工され、売られている。その文字を見ると「ここでしか買えないんだし、ほかのお土産を買うついでにもう１つ」と思って、つい買ってしまう。

　ある調査によると、期間や季節、地域限定の商品を買ったことがある日本人は、男女とも20代から60代の全ての年代で60％を超えるそうだ。そして「限定という言葉にひかれた」「普段買えない特別な感じがする」という理由をあげる人が多かったそうだ。どうも日本人は性別、年齢に関わらず「○○限定」という言葉に弱いようだ。

　日本の会社は、消費者の気持ちをつかむために「限定」という言葉を武器に競争を続けていくことだろう。そして、日本の限定文化も発展を続けていくものと思われる。

신출단어&표현

目にする 실제로 보다	～箱 ～상자	おまけ 덤
見かける 눈에 띄다	限定 한정	期間 기간
販売する 판매하다	冬季 동계	文字 문자
店内 점내, 가게 안	踊る 춤추다	化粧品 화장품
売り場 판매장, 매장	カラー 컬러	セールストーク 세일즈 토크
一生 평생, 일생	商品名 상품명	逃す 놓치다
二度と 두 번 다시	ちょっとした 평범한, 소소한	特産物 특산물
スナック 스낵, 과자	キャラメル 캐러멜	たこやき 다코야키
明太子 명란젓	加工する 가공하다	ひかれる (마음 등이) 끌리다
普段 항상, 평상시, 평소	特別だ 특별하다	どうも 아무래도
消費者 소비자	気持ちをつかむ 마음을 잡다	武器 무기
競争 경쟁		

내용 체크

본문을 읽고, 맞는 것에 ○를 해 주세요.

① 「1＋1」は、日本のスーパーやコンビニではあまり見られない。　　　　（　　）

② 「○○限定」という商品は、日本のコンビニでだけ売られている。　　　（　　）

③ 日本人は「○○限定」という言葉に弱いようだ。　　　　　　　　　　　（　　）

④ 北海道へ行くと、明太子味の北海道限定のスナックを買うことができる。（　　）

⑤ 「○○限定」商品は、日本の若者の間でだけ人気がある。　　　　　　　（　　）

포인트 정리

1 〜に限(かぎ)り ~에 한해서

시간, 횟수, 공간 등을 나타내는 명사에 붙어, '한정'을 나타낼 때 쓴다.

예 日本には冬の期間に限り販売されるチョコレートがある。

5歳以下の子どもに限り入場料が無料だ。

※「〜限り」는 명사와 동사의 사전형에 붙어, '최고 한계까지, 극한까지, 모든'의 의미를 나타낼 수도 있다.

예 力の限り戦う。(힘 닿는 데까지 싸운다.)

2 〜ものなら ~한다면

동사의 의지형에 붙어, '만일 그런 일이 일어난다면'이라는 의미를 나타낸다. 약간 과장된 조건표현을 나타낸다. 보통 뒤에는 큰 일이 일어난다는 내용이 온다.

예 「限定」と聞くと、「このチャンスを逃そうものなら二度と買えない」という気持ちにさせられる。

彼女に秘密を教えようものなら、すぐみんなに知られてしまう。

※「ものなら」는 가능형에 붙어, 실현 가능성이 적은 일에 대해 가정할 때도 쓰인다.

예 この現実から逃げられるものなら逃げたい。

신출단어

入場料(にゅうじょうりょう) 입장료　**無料**(むりょう) 무료　**戦う**(たたか) 싸우다　**秘密**(ひみつ) 비밀　**現実**(げんじつ) 현실　**逃げる**(に) 도망치다, 달아나다

3　～ついでに　～하는 김에

명사나 동사에 붙어, 원래 하려고 했던 행위에 추가적으로 다른 행동도 하는 것을 나타낸다.

- 예) このキャラメルのメロン味はここでしか買えないし、ほかのお土産を買うついでにもう１つ買おう。

  買い物のついでにクリーニング屋に寄った。

4　～に関わらず　～에 관계없이, ～을 불문하고

명사에 붙어, 날씨, 성별, 연령 등의 '차이에 관계없이, 그 차이를 문제삼지 않고'라는 의미를 나타낸다. 상황 등이 변해도 변하지 않고 일정하다는 것을 나타낸다.

- 예) 期間限定の商品を買ったことがある日本人は、性別、年代に関わらず多いようだ。

  天候に関わらず試合は予定通り行う。

※「～を問わず」も「～に関わらず」と마찬가지로 '～에 관계없이, ～을 불문하고'라는 의미를 나타내지만, 「男女、昼夜、内外」 등 반대 개념을 나타내는 명사에는 「～を問わず」만 쓸 수 있다.

- 비교) 男女を問わず応募できる。（○）

  男女に関わらず応募できる。（×）

신출단어

クリーニング屋 세탁소　　**寄る** 들르다, 접근하다　　**天候** 기후, 날씨　　**～通り** ～대로　　**応募する** 응모하다

연습문제

1 □ 안에서 알맞은 표현을 골라 ( ) 안에 넣어 주세요.

① メールに住所・氏名・年齢・(　　　　　) を書いてお送りください。
② この辺は10年ほど前に新しく開発された (　　　　　) だ。
③ これは東京の空港 (　　　　　) で発売されているチョコレートだ。
④ 弟はアニメのキャラクター (　　　　　) を集めている。
⑤ 夕日が海に沈む (　　　　　) は、いつ見ても感動的だ。

| 季節 | 限定 | 光景 | 商品 |
| 性別 | 地域 | 販売 | 理由 |

2 □ 안에 있는 문형을 골라, ( ) 안에 알맞은 형태로 넣어 주세요.

① 郵便局へ行く (　　　　　) コンビニに寄った。
② 日本の映画館は、毎週水曜日、女性 (　　　　　)、1,100円で見ることができる。
③ 天候 (　　　　　)、明日は午前10時から試合を始めます。
④ 父は厳しい人で、門限に遅れよう (　　　　　)、家に入れてくれなかった。

　　～に限り　　～ものなら　　～ついでに　　～に関わらず

신출단어

発売する 발매하다　**集める** 모으다　**夕日** 석양, 저녁놀　**沈む** 가라앉다, 지다　**門限** 밤에 문을 닫는 시간(통금시간)

3 제시된 단어를 사용하여, 올바른 문장을 만들어 주세요.

① （１万円／方／送料無料／以上／配達する／お買い上げ）

 ➡ ＿＿＿＿＿＿＿＿＿＿＿＿＿＿＿＿＿＿に限り、

＿＿＿＿＿＿＿＿＿＿＿＿＿＿＿＿＿＿。

② （口が軽い／秘密／広まる／話す／すぐに）

➡ 彼女は＿＿＿＿＿＿ので、＿＿＿＿＿＿

ものなら、＿＿＿＿＿＿＿＿＿＿してしまう。

4 선으로 연결하여 올바른 문장을 만들어 주세요.

㉠ このお寺は季節に関わらず ・　　・Ⓐ たくさんの観光客が訪れる。

　　　　　　　　　　　　　　　・Ⓑ とても観光したかった。

㉡ 京都に出張するついでに ・　　・Ⓒ 観光して来よう。

| 신출단어 |

送料無料 운송료 무료　**配達する** 배달하다　**お買い上げ** 매상　**口が軽い** 입이 가볍다

연습문제

5 아래 표 안에서 가로(→), 세로(↓), 대각선(↘) 방향으로 한자 단어를 찾아 주세요.

消	加	武	競
季	費	器	争
展	文	者	売
特	産	物	逃

6 올바른 한자 읽기를 골라 ○를 해 주세요.

日本では、その季節や地方（ちほう・ちぼう）でしか買えない限定商品（けんでいしょひん・げんていしょうひん）が多い。「普段（ふたん・ふだん）買えない特別（とっべつ・とくべつ）な感じがする」というのがその理由のようだ。韓国の1箱（いっぱこ・ひとはこ）買ったらもう1つおまけという「1＋1」はあまり見かけない。

함께하기

●次のヒントを読んで答えを考えてみよう。

1. ここはどこでしょうか。

　　(1) 23区がある
　　(2) 山手線がある
　　(3) スカイツリーがある
　　(4) 日本の首都
　　★正解は？　(　　　　　　　　)

2. これはどこでしょうか。

　　(1) ユネスコ世界文化遺産
　　(2) 日本で一番有名な火山
　　(3) 海抜3,776m
　　(4) 日本で一番高い山
　　★正解は？(　　　　　　　　)

3. ここはどこでしょうか。

　　(1) 雪が多い
　　(2) かにやメロンなどが有名
　　(3) 日本で一番寒い
　　(4) 日本の中で北にある島
　　★正解は？(　　　　　　　　)

신출단어

ヒント 힌트　区 구　山手線 야마노테선(전철 노선)　首都 수도　正解 정답　火山 화산　海抜 해발　かに 게
北 북, 북쪽　島 섬

お土産

일본은 지역 별로 각 지역을 대표하는 특산품들이 다양하며 이를 'お土産'라고 한다. 일본에는 'お土産' 문화가 매우 발달해 있어, 여행을 가면 해당 지역의 'お土産'를 구입해 선물하는 것이 매우 일반적인 일이다. 대표적인 'お土産'로는 '北海道'의 유제품, '長崎'의 'カステラ', '福岡'의 '明太子', '京都'는 '八つ橋' 등이 있으며, 최근에는 각 지역의 'お土産'를 이용한 다양한 상품들을 출시해 관광객을 유혹하고 있다.

13
今日はネットカフェに泊まります

학습 포인트

1. ～のみならず
2. ～代わりに
3. ～わけだ
4. ～とたん

今日はネットカフェに泊まります

　マンガは読み放題、インターネットは使い放題、ドリンクは飲み放題、部屋は個室。女性専用フロアがある店も多い。シャワーのみならず、コインランドリーやネイルサロンがある店もある。最近のマンガ喫茶やインターネットカフェの充実ぶりには目を見張るばかりだ。

　3時間で1,000円前後、一晩でも1,000～2,000円程度で利用できるこれらの店は、若者だけでなく、サラリーマンや主婦にも人気がある。郊外には、主婦が日中に集まってDVDを見たり、打ち合わせをしたりすることができる店や中高生が勉強部屋として利用できるスペースを設けている店もあるそうだ。一方、タクシー代やホテル代が高い都会では、終電に間に合わなかったサラリーマンや大学生がホテルに泊まる代わりに利用することも多い。ところが、数年前からこのインターネットカフェに新しい客層の人たちが見られるようになった。

　今、日本では「ネットカフェ難民」と呼ばれる人が増えている。インターネットカフェを生活の場として利用する人たちのことだ。昔の日本は、学校を卒業して会社に入ったら、定年まで勤めることができた。また年齢とともに一定の出世も保証されていた。しかし、1990年代から続いた経済の低迷によりこのような制度が崩れ、契約社員やアルバイトなどの非正規雇用者が増えた。そして今日の日本は「格差社会」と呼ばれるようになった。

　これらの人の中には、部屋を借りて生活するだけの収入がない人や月に数日しか仕事が得られない人、リストラで仕事や家を失った人もいる。日本で部屋を借りる時には、保証人や身分が保証される職場・学校が必要だ。だから、このような人々は部屋を借りることができないわけだ。そして、このような人々が次第にインターネットカフェで寝泊まりするようになり、やがて「ネットカフェ難民」と呼ばれるようになったのである。都会ではナイトパックが始まる時間になったとたん、満席になる店もあるという。

　ネットカフェ難民は若者に限った話ではない。20代の次に多いのは40、50代。4割前後を女性が占めるそうだ。格差が広まる一方の日本。日本の行く先はどうなるのだろうか。

신출단어&표현

(インター)ネットカフェ	인터넷 카페	泊まる(と)	묵다, 숙박하다	～放題(ほうだい)	～을 마음대로 함
ドリンク	드링크제, 청량 음료수	個室(こしつ)	독실, 독방, 개인용 방	専用(せんよう)	전용
フロア	(빌딩의) 층	コインランドリー	동전식 세탁기	ネイルサロン	네일살롱, 네일샵
マンガ喫茶(きっさ)	만화책이 있는 인터넷 카페	充実(じゅうじつ)ぶり	충실한 모습, 충실한 모양	目(め)を見張(みは)る	(놀라서) 눈을 크게 뜨다
～ばかり	～정도	一晩(ひとばん)	하룻밤	程度(ていど)	정도
サラリーマン	샐러리맨, 회사원	主婦(しゅふ)	주부	郊外(こうがい)	교외
日中(にっちゅう)	주간, 낮	打(う)ち合(あ)わせ	모임	スペース	스페이스, 공간, 장소
設(もう)ける	마련하다, 만들다	～代(だい)	～비, ～대금	都会(とかい)	도회지, 도시
終電(しゅうでん)	마지막 전철	間(ま)に合(あ)う	제 시간에 맞추다	客層(きゃくそう)	고객층
ネットカフェ難民(なんみん)	인터넷 카페 난민	定年(ていねん)	정년	勤(つと)める	근무하다
一定(いってい)	일정	出世(しゅっせ)	출세	保証(ほしょう)する	보증하다
低迷(ていめい)	저미, 향상이 여의치 않음	崩(くず)れる	무너지다, 붕괴되다	契約社員(けいやくしゃいん)	계약사원
非正規雇用者(ひせいきこようしゃ)	비정규고용자	格差社会(かくさしゃかい)	격차사회	～だけ	～정도, ～만큼
収入(しゅうにゅう)	수입	月(つき)	달, 월	数日(すうじつ)	수일(2～3일에서 5～6일 정도)
リストラ	리스트럭처링, 명예퇴직	失(うしな)う	잃다, 잃어버리다	保証人(ほしょうにん)	보증인
身分(みぶん)	신분	職場(しょくば)	직장	寝泊(ねと)まりする	숙박하다, 머물다
ナイトパック	야간 패키지 요금	限(かぎ)る	제한하다, 한정하다	～割(わり)	～할, 10분의 1(비율 단위)
～代(だい)	～대	占(し)める	차지하다	行(ゆ)く先(さき)	행선지, 목적지, 장래

내용 체크

본문을 읽고, 맞는 것에 ○를 해 주세요.

① 日本のマンガ喫茶には、シャワーのある店がある。　　　　　　　　　　（　　　）
② ホテルの代わりにインターネットカフェに泊まる主婦が増えている。　　（　　　）
③ 最近の日本では、一度会社に入れば、定年まで勤めることができるようになった。
　　　　　　　　　　　　　　　　　　　　　　　　　　　　　　　　　　（　　　）
④ 日本で部屋を借りるには、身分が保証される職場や学校が必要だ。　　　（　　　）
⑤ 20代の女性の4割は、ネットカフェ難民だ。　　　　　　　　　　　　　（　　　）

포인트 정리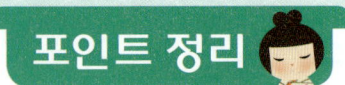

1　～のみならず　～뿐만 아니라

명사, 동사, 형용사 등에 붙어, '그것뿐만 아니라, ~도'라는 것을 나타내며, 덧붙여서 말할 때 쓴다.

- 最近のインターネットカフェにはシャワーのみならず、コインランドリーなどもあるらしい。

  京都の夏は気温が高いのみならず湿度も高い。

※「～のみならず」는「～だけでなく」의 문어체적 표현이다.

- [비교] すしは国内のみならず海外でも人気がある。

  すしは国内だけでなく海外でも人気がある。

2　～代わりに　～하는 대신에

명사나 동사에 붙어, '사람이나 그것을 대신해서'라는 의미를 나타낸다.

- 終電に間に合わない大学生はホテルに泊まる代わりにインターネットカフェを利用している。

  今日の会議には社長の代わりに副社長が出席した。

※「～に代わって」는 명사에 붙어, '~을 대신해서'라는 의미를 나타낸다.

- 父に代わって私が参加しました。

  父の代わりに私が参加しました。

| 신출단어 |

湿度 습도　　**国内** 국내　　**副社長** 부사장

3 〜わけだ 〜는 것이다, 〜은 당연하다

명사, 동사, 형용사 등에 붙어, '당연한 결론, 이유, 납득, 주장' 등 다양한 의미를 나타낸다.

- 日本では、部屋を借りる時に保証人が必要だ。だから、保証人がいない人は部屋を借りることができないわけだ。(당연한 결론)

  弟が新しい車を買った。子どもが生まれて大きい車が必要になったわけだ。(이유)

※'납득'을 나타내는「わけだ」는「はずだ」로 바꿔 쓸 수 있다.

- 窓が開いている。どうりで、寒いわけだ。

  窓が開いている。どうりで、寒いはずだ。

4 〜とたん 〜하자마자

동사의 た형에 붙어, '〜한 다음 순간에'라는 것을 나타낸다. 앞의 동작이나 변화가 일어난 다음 바로 다른 동작이나 변화가 일어날 때 쓴다. 뒤에는 '의외의 일이 일어났다거나 놀랄만한 일이 일어났다' 등의 표현이 자주 온다.

- 都会のネットカフェではナイトパックが始まる時間になったとたん、満席になる店もあるという。

  ドアを開いたとたん、急に知らない人が入ってきた。

※「〜とたん」과「〜次第」는 둘 다 앞의 동작, 변화가 일어나면 바로 다른 동작, 변화가 일어난다는 것을 나타낸다는 점에서 유사하다. 하지만,「〜とたん」은 뒤에 화자의 의지적 표현이 올 수 없지만,「〜次第」는 뒤에 화자의 의지적 행동을 나타내는 표현이 올 수 있다.

- 連絡が入り次第、ご連絡します。（○）

  連絡が入ったとたん、ご連絡します。（×）

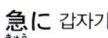

急に 갑자기

연습문제

1 □ 안에서 알맞은 표현을 골라 ( ) 안에 넣어 주세요. 필요하면 형태를 바꿔 주세요.

① 最近の彼は自信を（　　　　　）いるようだ。
② 週末に大阪の友だちが（　　　　　）に来る予定だ。
③ たった１つのうそで、二人の関係は（　　　　　）しまった。
④ このサークルの会員の70％ぐらいを女性が（　　　　　）います。
⑤ 風邪をひいているので、人の（　　　　　）ところには行かないようにしている。

```
集まる      失う        限る        崩れる
占める      泊まる      広まる      呼ぶ
```

2 □ 안에 있는 문형을 골라, ( ) 안에 알맞은 형태로 넣어 주세요.

① 窓を開けた（　　　　　）、冷たい空気が入ってきた。
② 彼女は中国に留学していたから、中国の事情に詳しい（　　　　　）。
③ このホテルは、宿泊（　　　　　）、セミナーや会議にも利用できる。
④ コンサートに行く（　　　　　）、DVDを２枚買ったほうがいいと思う。

```
～のみならず    ～代わりに    ～わけだ    ～とたん
```

| 신출단어 |

たった 겨우, 단지　会員 회원　事情 사정　詳しい 정통하다, 자세하다, 상세하다　宿泊 숙박　セミナー 세미나

3 제시된 단어를 사용하여, 올바른 문장을 만들어 주세요.

① (体／働く／壊す／遅く／そんなに)

毎日＿＿＿＿＿＿＿＿＿＿＿＿＿＿いれば、
＿＿＿＿＿＿＿わけだ。

② (ベル／教室／鳴る／入ってくる)

先生は＿＿＿＿＿とたん、＿＿Ｐ＿＿＿。

4 선으로 연결하여 올바른 문장을 만들어 주세요.

㋐ 彼は日本語のみならず、　・　　・Ⓐ エクスチェンジをすることにした。

　　　　　　　　　　　　　　　・Ⓑ 英語の勉強も始めた。

㋑ 英会話スクールに通う　　・　　・Ⓒ 英語の宿題をやろうと思った。
　代わりに

| 신출단어 |

ベル 벨, 종　　鳴る 울리다, 소리가 나다　　エクスチェンジ 언어 교환(익스체인지)　　英会話スクール 영어 학원

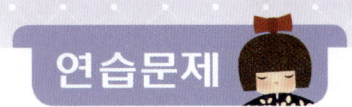

연습문제

5 아래 표 안에서 가로(→), 세로(↓), 대각선(↘) 방향으로 한자 단어를 찾아 주세요.

勉	満	席	郊
保	強	若	外
証	集	部	題
人	難	紀	屋

6 올바른 한자 읽기를 골라 ○를 해 주세요.

インターネットカフェは、若者だけでなく、いろいろな客層(きゃくかい・きゃくそう)の人が利用する。サラリーマンや主婦(しゅふ・しゅうふ)にも人気がある。一晩(いっぱん・ひとばん)でも1,000円〜2,000円ぐらいなので、終電(しゅうてん・しゅうでん)に間に合わなかった人がホテルに泊(と・ど)まる代わりに使うこともある。

함께하기

●田中さんが探している部屋はどんな部屋でしょうか。選んでみよう。

不動産屋さん: どんな部屋を探しているんですか。

田中: 新しい部屋を探しています。

不動産屋さん: 部屋は和室と洋室とどちらの方がいいですか。

田中: 洋室の方がいいです。お風呂はなくてもいいです。

不動産屋さん: 家賃は？

田中: 家賃は70,000円以下がいいです。そして、猫も1匹飼いたいです。

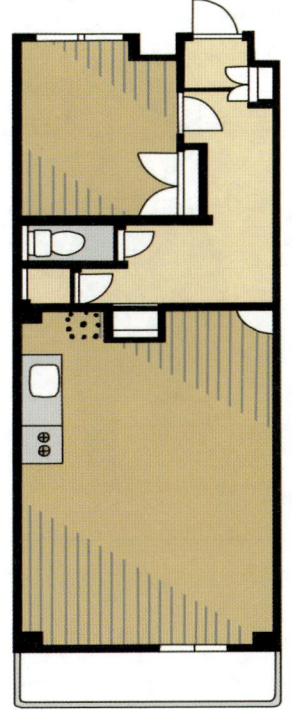

① 1LDK	② 1LDK	③ 1LDK
和室	洋室	洋室
築1年	築8年	築3年
家賃 75,000	家賃 70,000	家賃 68,000
お風呂 ○	お風呂 ○	お風呂 ×
ペット可	ペット不可	ペット可

신출단어

不動産屋さん 부동산 중개업(자)　**和室** 일본식 방, 다다미방　**洋室** 서양식 방, 양실　**家賃** 집세　**〜匹** 〜마리
飼う 기르다　**LDK** 거실, 식사공간, 부엌　**築〜** (연도를 나타내는 말에 붙어) 건축하고 나서 〜년됨

쉬어가기 - 신주쿠의 번화가를 걸으며

部屋探し

일본에서는 전세 제도가 없어 월세로 집을 빌리는 경우가 많으며 월세는 '家賃'이라고 한다. 보증금이 비싼 한국과 달리 월세 1~2개월분의 보증금만 내면 되는데, 이를 '敷金'이라고 하며, 이사할 때 수리비를 공제하고 돌려받을 수 있다. 그 대신, 제 3자를 보증인으로 요구하는 경우가 많으며, '礼金'이라는 이름의 사례금을 내야할 때도 있는데, 요즘에는 '敷金'과 '礼金'이 없는 경우도 있다. 또한, 일본에서는 집을 구분할 때 'LDK'라는 용어를 사용하는데, '1LDK'는 방이 1개에 거실(Living)과 식사 공간(Dining), 부엌(Kitchen)이 있다는 말이다.

14
むかしむかし、あるところに…

학습 포인트

1. ～あげく
2. ～にもかかわらず
3. ～ながら
4. ～間(あいだ)に

むかしむかし、あるところに…

　誰でも子どもの頃には絵本や童話を読んだことがあるだろう。子どもたちが大好きなお話には、お姫様がたくさん出てくる。今日は、世界のお姫様を比べてみよう。

　まず、ヨーロッパの童話のお姫様を見てみよう。有名なお話といえば、「シンデレラ」をあげることができる。シンデレラは継母と姉からいじめられているが、魔法使いの魔法で舞踏会へ行き、王子様と出会う。帰る時に落としたガラスの靴のおかげで王子様と再会して、幸せに暮らすというストーリーだ。また、「白雪姫」もよく知られている。白雪姫は、継母に憎まれたあげく、毒りんごを食べさせられて殺されそうになるが、王子様に助けられて幸せに暮らす話だ。このほかにもヨーロッパの童話には、不幸なお姫様を王子様が助けてくれて幸せに暮らすというお話が多い。

　では、私たちに身近な韓国や日本の昔話はどうだろうか。
　韓国の昔話「コンジパッチ」は、韓国の「シンデレラ」と言われている物語だ。不幸な主人公を王子様が助けてくれる共通点があるからだ。しかし、実はこのようなお話は韓国ではあまり多くない。例えば「沈清伝」という物語がある。貧しい沈清がお父さんのために自分を犠牲にする。その姿を見て感動した王様に出会って王女になるという話だ。しかし、この話は、王様が助けてくれることが大切なのではない。主人公が貧しいにもかかわらず、親孝行をすることによって幸せになるという部分が特徴的なのだ。

　最後に、日本の昔話のお姫様について調べてみた。しかし、日本の昔話にはお姫様があまり出てこないようだ。よく知られているものは「かぐや姫」ぐらいしかない。かぐや姫は、竹の中から生まれた姫だ。とても美しいと評判になったかぐや姫は、たくさんの男性にプロポーズをされながら、それを全部断る。かぐや姫は本当は月の人間で、満月の日、月が輝く間に月に帰らなければならないことがわかっている。それで、結婚できないのだ。最後の日、育ててくれたおじいさんとおばあさんに別れを告げ、月に帰っていくという悲しい結末だ。

　童話や物語に欠かせないお姫様。その姿は文化によってずいぶん異なるようだ。みなさんはどんなお姫様に心をひかれるだろうか。

신출단어&표현

絵本(えほん) 그림책	童話(どうわ) 동화	お姫様(ひめさま) 공주님
比べる(くら) 비교하다	ヨーロッパ 유럽	シンデレラ 신데렐라
継母(ままはは) 계모, 의붓어머니	いじめる 괴롭히다, 구박하다	魔法使い(まほうつか) 마법사
魔法(まほう) 마법	舞踏会(ぶとうかい) 무도회	王子様(おうじさま) 왕자님
出会う(であ) (우연히) 만나다	落とす(お) 떨어뜨리다	再会する(さいかい) 재회하다
ストーリー 스토리, 이야기	白雪姫(しらゆきひめ) 백설공주	憎む(にく) 미워하다, 증오하다
毒(どく) 독	殺す(ころ) 죽이다	助ける(たす) 돕다, 도와주다
不幸だ(ふこう) 불행하다	身近だ(みぢか) 가깝다	昔話(むかしばなし) 옛날이야기
コンジパッチ 콩쥐팥쥐	物語(ものがたり) 이야기	主人公(しゅじんこう) 주인공
共通点(きょうつうてん) 공통점	沈清伝(シムチョンジョン) 심청전	犠牲(ぎせい) 희생
王様(おうさま) 임금님, 왕	王女(おうじょ) 왕비, 공주	親孝行(おやこうこう) 효도
部分(ぶぶん) 부분	特徴的だ(とくちょうてき) 특징적이다	かぐや姫(ひめ) 가구야히메
竹(たけ) 대나무	姫(ひめ) 아가씨, 공주	評判(ひょうばん) 평판
プロポーズ 프로포즈	断る(ことわ) 거절하다, 거부하다	満月(まんげつ) 만월, 보름달
輝く(かがや) 빛나다, 번쩍이다	別れ(わか) 이별	告げる(つ) 고하다, 알리다
結末(けつまつ) 결말		

내용 체크

본문을 읽고, 맞는 것에 ○를 해 주세요.

① ヨーロッパのお話にはお姫様(ひめさま)がたくさん出(で)てくる。　　　　(　　)

② シンデレラは王子様(おうじさま)と出会(であ)って幸(しあわ)せになる。　　　　(　　)

③ 「コンジパッチ」は、韓国の「白雪姫(しらゆきひめ)」と言われている。　　　　(　　)

④ 韓国の昔話(むかしばなし)では、主人公(しゅじんこう)が親孝行(おやこうこう)をすることが特徴的(とくちょうてき)だ。　　　　(　　)

⑤ 日本の「かぐや姫(ひめ)」は幸せな話だ。　　　　(　　)

1 　～あげく　～한 끝에

명사와 동사의 た형에 붙어, 앞에서의 과정을 거쳐, 그것에 의해, 뒤에 그런 결과, 전개 등이 되었다는 것을 나타낸다. 뒤에는 결과를 나타내는 표현이 온다.

- 白雪姫は継母に憎まれた**あげく**、毒りんごを食べさせられて殺されそうになった。

  さんざん悩んだ**あげく**、進学をあきらめることにした。

※「～結果」는 원인과 결과를 객관적으로 말하고 있는데 비해, 「～あげく」는 꽤 긴 시간과 힘든 과정을 거쳐, 그런 결과가 되었다는 것을 나타낸다.

- [비교] 先生と相談した**結果**、休学することにした。

  いろいろと迷った**あげく**、休学することにした。

2 　～にもかかわらず　～에도 불구하고

명사, 동사, 형용사 등에 붙어, '～에도 불구하고'라는 의미를 나타낸다. 뒤에는 예상 밖의 일을 나타내는 표현이 온다.

- 韓国の昔話は主人公が貧しい**にもかかわらず**、親孝行をすることによって幸せになるストーリーが多い。

  台風**にもかかわらず**外出した。

※「～にもかかわらず」에서 「も」가 빠진 「～にかかわらず」는 「～にもかかわらず」와는 전혀 다른 의미이므로 주의가 필요하다. 「～にかかわらず」는 '～에 관계없이, 상관없이'라는 의미를 나타낸다.

- この大会は年齢**にかかわらず**、どなたでも参加できます。

| 신출단어 |

さんざん 몹시, 아주　　**休学する** 휴학하다　　**迷う** 망설이다, 헤매다

3 〜ながら   〜지만 (역접)

동사, 형용사, 명사 등에 붙어, '〜지만'이라는 역접의 의미를 나타낸다. 뒤에는 앞에서 예상된 일과 상반되는 표현이 온다. 문어체적이다.

예 かぐや姫はたくさんの男性にプロポーズされながら、それを全部断った。

この子は子どもながら、しっかりしている。

※ 동시진행(〜하면서)을 나타내는 「〜ながら」는 동사의 ます형에만 접속할 수 있지만, 역접을 나타내는 「〜ながら」는 동사뿐만 아니라 형용사, 명사 등에도 접속한다는 점에서 다르다. 또한 동사의 경우, 동시진행인지 역접인지는 문맥에서 파악해야 한다.

비교 何もかも知っていながら、教えてくれなかった。(역접)

ご飯を食べながらテレビを見る。(동시진행)

4. 〜間に   〜하는 사이에, 동안에

명사, 동사, 형용사 등에 붙어, 어떤 상태나 동작이 계속되고 있는 기간을 나타낸다. 뒤에는 그 시간 내에 이루어지는 동작이나 일어난 사태에 대한 표현이 온다.

예 かぐや姫は満月の日、月が輝く間に月に帰ってしまった。

留守の間に泥棒に入られた。

※「〜間に」는 '어떤 상태가 계속되고 있는 동안에, 어떤 일이 일어난다' 등의 의미를 나타내지만, 「〜間は」는 '어떤 상태나 동작이 계속되고 있는 시간이나 기간'을 나타낸다. 두 표현은 서로 바꿔 쓸 수 없다.

비교 子どもが小さい間は外食もできなかった。（〇）

子どもが小さい間に外食もできなかった。（×）

| 신출단어 |

しっかりする 견실하다, 확고하다   **何もかも** 무엇이든, 모두   **留守** 부재중   **泥棒** 도둑

연습문제

1 □ 안에서 알맞은 표현을 골라 (   ) 안에 넣어 주세요. 필요하면 형태를 바꿔 주세요.

① 悩みがある時は（　　　　　）いる人に話してみるといいと思います。

② あの歌手は、（　　　　　）国の子どもたちに寄付をしていることで知られています。

③ 子どもの頃から飼っていた犬のラッキーが死んで、とても（　　　）です。

④ 春は桜、夏はひまわり、秋は紅葉、冬は雪…四季の変化はとても（　　　　　）。

⑤ この小説家は、自分のふるさとである北海道を舞台にした作品が多いことが（　　　　　）。

| 身近だ | 大切だ | 特徴的だ | 不幸だ |
| 貧しい | 悲しい | 美しい | 有名だ |

2 □ 안에 있는 문형을 골라, (   ) 안에 알맞은 형태로 넣어 주세요.

① あの人は本当のことを知ってい（　　　　　）、何も言わなかった。

② この商品は品質がよいので、ほかの商品より高い（　　　　　）よく売れる。

③ どこでパーティーをするかいろいろ悩んだ（　　　　　）、結局いつものお店にしました。

④ あの女優はしばらく見ない（　　　　　）、きれいになりましたね。

| ～にもかかわらず　　～ながら　　～間に　　～あげく |

| 신출단어 |

歌手 가수　ひまわり 해바라기　小説家 소설가　舞台 무대　作品 작품　品質 품질　女優 여배우

3 제시된 단어를 사용하여, 올바른 문장을 만들어 주세요.

① （友だち／繰り返す／失敗／せいにする／それ）

 → 彼は_____あげく、

_____。

② （寝ている／部屋／掃除する／子ども／～ておく）

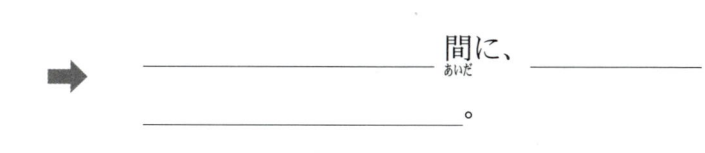

_____間に、_____

_____。

4 선으로 연결하여 올바른 문장을 만들어 주세요.

㋐ あのお店に行きたいと言い　・　　・Ⓐ まだ一度も行ったことがない。
　　ながら
　　　　　　　　　　　　　　　　　・Ⓑ そのお店は人気がない。
㋑ わざわざ１時間かけてお店　・
　　に行ったにもかかわらず　　　　・Ⓒ そのお店は閉まっていた。

| 신출단어 |

繰り返す 되풀이하다, 반복하다　　**わざわざ** 일부러, 특별히

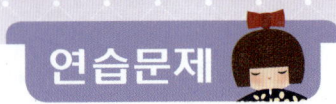

5 아래 표 안에서 가로(→), 세로(↓), 대각선(↘) 방향으로 한자 단어를 찾아 주세요.

童	断	落	比
姉	話	親	感
幸	生	孝	動
評	判	行	様

6 올바른 한자 읽기를 골라 ○를 해 주세요.

ヨーロッパの昔話（むかしばなし）に出（で）てくるお姫様（ひめさま）は、みんなとても美しい。それで憎（にぐ・にく）まれ、苦（くる）しめられる。しかし、ハンサムで優しい王子様（おじさま・おうじさま）が助（だす・たす）けてくれて幸（しやわ・しあわ）せに暮らすという結末（けつまつ・けるまつ）のお話が多い。

신출단어

苦（くる）しめる 괴롭히다, 피곤하게 하다

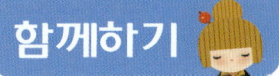

<姫占い>

女性はあなたのタイプ、男性はあなたが出会う人のタイプを選んでみよう。

シンデレラ

白雪姫

人魚姫

かぐや姫

シンデレラを選んだ人
- 苦労のすえにハッピーエンドになるタイプ。
- 「苦労をしなければ幸せになってはいけない」と思ってしまう傾向がある。

白雪姫を選んだ人
- みんなに助けられて愛されるタイプ。
- 周囲への感謝や配慮を忘れないようにしましょう。

人魚姫を選んだ人
- 好きな人のためなら何でもできるタイプ。
- 自分を大切にしましょう。

かぐや姫を選んだ人
- 自分の世界が大事なタイプ。
- 恋愛も仕事も両方楽しみましょう。

신출단어

| 苦労 노고, 고생 | すえ 끝, 마지막 | ハッピーエンド 해피엔드 | 周囲 주위 | 感謝 감사 | 人魚姫 인어공주 | 恋愛 연애 |

一寸法師

아이가 없는 노부부가 자식을 갖게 해 달라고 신에게 기원하자 아이가 생겼다. 그러나 태어난 아이는 신장이 겨우 3㎝(一寸)밖에 되지 않았고 나이를 먹어도 자라지 않았다. 그래서 사람들은 아이를 '一寸法師'라고 불렀다. 어느 날, '一寸法師'는 무사가 되기 위해 '교토(京都)'로 가겠다고 말한 뒤, 바늘을 칼 대신 차고, 밥그릇을 배 삼아 젓가락으로 노를 저어 가며 여행길에 올랐다. '교토(京都)'에 도착한 '一寸法師'는 큰 저택에서 일하게 되는데, 그 집의 딸과 함께 여행을 떠났다가 딸을 유괴하러 온 도깨비와 맞서 싸우게 된다. '一寸法師'가 딸을 구하려하자 도깨비는 그를 삼켰지만, '一寸法師'가 뱃속에서 바늘로 찌르자 도깨비는 항복하고 요술방망이를 놓고 산으로 도망친다. '一寸法師'는 방망이를 휘둘러 자신의 몸집을 182㎝로 키우고 딸과 결혼한 뒤, 요술방망이로 금은보화를 얻어 죽을 때까지 행복하게 산다는 내용이다.

15
ご縁がありますように

학습 포인트

1. ～ずにはいられない
2. ～というものだ
3. ～というものではない
4. ～がちだ

ご縁がありますように

Track 15

「待ち人来たらずってどんな意味？」
「そんなこと知らなくていいの！」

　子どもの頃の正月。母に聞いても教えてもらえなかったおみくじの意味。今ではその意味もわかるし、おみくじなんてただの占いだともわかっている。しかし、正月に神社やお寺に行くと、なぜか引かずにはいられない。木の箱を振って、出てきた棒の番号を告げ、わくわくしながら1年の運勢を占う紙をもらう。おみくじの結果に一喜一憂するなんて、その場限りの遊びというものだ。どうせ12月には何が書いてあったか覚えていないのだから。それでも新しい年というものは、何かが起こるような気にさせてくれるから不思議なものだ。

　日本では多くの人が家族や友人と年の初めに神社やお寺に初詣に行き、1年の健康や安全、幸福を願う。きれいな着物を着ている人もあちこちに見られ、新年の華やかな雰囲気を感じることができる。このような初詣が習慣化したのは、それほど古い話ではない。明治時代に鉄道会社が「今年は電車に乗って○○でお参りしましょう」と有名な神社やお寺をPRしたのが始まりだそうだ。つまり、クリスマスやバレンタインデーと同じように、鉄道会社のマーケティング戦略の結果なのである。それが今ではすっかり年中行事として日本人の間に定着した。有名な神社やお寺は正月の3日間だけで300万人前後の人が訪れ、交通整理の警官が出動するほどだ。

　神社やお寺では、お祈りの前に「おさいせん」というお金を投げる。元々は「神様からいただいた福に感謝してお供えするお金」という意味だが、近年では「自分のお願いを聞いてもらう」意味が強いように思われる。おさいせんは高ければよいというものではない。例えば、「ご縁がある(すてきな人と縁ができる)」という意味で5円玉を投げる人も多い。

　「1年の計は元旦にあり」という言葉があるが、新年は気持ちも新たになり、自分の実力以上のことを計画しがちにもなる。しかし、どんなにおみくじの結果がよくても、おさいせんを投げてお祈りをしても、努力をしなければよい結果は得られないだろう。12月になって「それなりによい1年だった」と言えるような毎日を送りたいものである。

신출단어&표현

ご縁(えん) 인연, 연분	待ち人来たらず(まびとき) 기다리는 사람은 오지 않음(연애운)	
正月(しょうがつ) 정월, 설날	(お)みくじ 신의에 의해서 길흉을 점치는 제비, 점괘	
ただ 보통, 예사, 그냥	占い(うらな) 점, 점쟁이	引く(ひ) 뽑다
棒(ぼう) 몽둥이, 막대기	わくわくする 두근두근하다	運勢(うんせい) 운세
占う(うらな) 점치다	一喜一憂する(いっきいちゆう) 일희일우하다(상황의 변화에 따라 별일 아닌 일에 기뻐하거나 불안해하다)	
その場限り(ばかぎ) 그때뿐	どうせ 어차피, 하여간	起こる(お) 일어나다, 발생하다
気にする(き) 마음에 두다, 걱정하다	初詣(はつもうで) 정월의 첫 참배	幸福(こうふく) 행복
新年(しんねん) 신년	華やかだ(はな) 화려하다, 화사하다	雰囲気(ふんいき) 분위기
習慣化する(しゅうかんか) 관습화하다	それほど 그렇게, 그다지	明治時代(めいじじだい) 메이지 시대
鉄道会社(てつどうがいしゃ) 철도회사	お参りする(まい) 참배하다	バレンタインデー 발렌타인데이
マーケティング 마케팅	戦略(せんりゃく) 전략	すっかり 죄다, 모두, 아주
年中行事(ねんちゅうぎょうじ) 연중행사	定着する(ていちゃく) 정착하다	訪れる(おとず) 방문하다
交通整理(こうつうせいり) 교통 정리	警官(けいかん) 경관	出動する(しゅつどう) 출동하다
お祈り(いの) 기도, 기원	(お)さいせん 시줏돈	投げる(な) 던지다
元々(もともと) 원래	神様(かみさま) 신의 높임말	福(ふく) 복
お供えする(そな) 제물을 올리다	近年(きんねん) 근년, 근래	～円玉(えんだま) ~엔 동전
1年の計は元旦にあり(ねんけいがんたん) 한해의 계획은 설날에 세움		新ただ(あら) 새롭다
それなりに 그런대로		

내용 체크

본문을 읽고, 맞는 것에 ○를 해 주세요.

① 「おみくじ」は、神社やお寺で投げるお金のことだ。　　　　　　　　　（　　　）
② 着物を着て初詣に行くと、1年を健康に過ごすことができる。　　　　（　　　）
③ 初詣が習慣化したのは、明治時代のことだ。　　　　　　　　　　　　（　　　）
④ 警官が交通整理をするほどたくさんの人が初詣に行く神社やお寺もある。（　　　）
⑤ 素敵な人と縁ができるか知るために「おさいせん」を投げる人が多い。　（　　　）

포인트 정리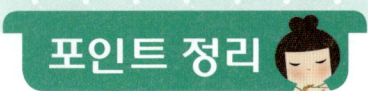

1 〜ずにはいられない 〜하지 않을 수 없다

동사의 ない형에 붙어, 본인의 의지에 관계없이, 자연스럽게 그런 상태나 그런 행동이 일어난다는 것을 나타낸다. 주로「泣く」「思う」「感動する」등 인간의 행위나 사고, 감정 등을 나타내는 동사에 붙는다.

- 예) 正月に神社に行くと、なぜかおみくじを引かずにはいられない。

  試験に落ちた。お酒を飲まずにはいられない。

※「〜ずにはいらない」는 문어체적인 표현이며, 회화체에서는「〜ないではいられない」로 쓴다.

- 예) あの映画を見たら、泣かないではいられない。

  あの映画を見ると感動しないではいられない。

2 〜というものだ 〜라는 것이다

명사나 동사 등에 붙어, 화자가 어떤 사실을 보고, 그것에 대한 생각 등을 설명할 때 쓴다.

- 예) おみくじの結果に一喜一憂するなんて、その場限りの遊びというものだ。

  困った時に助けてくれるのが本当の友だちというものだ。

※「〜というものではない」는 어떤 주장이나 생각에 대해서, '그것이 전면적으로 타당하다고는 할 수 없다'라는 의미를 나타낸다.

- 예) 鉄道は速ければ速いほどいいというものではない。安全を第一に考えなければならない。

| 신출단어 |

落ちる 떨어지다   速い (동작·속도가) 빠르다

3 〜というものではない 〜라는 것은 아니다

동사, い형용사의 사전형 등에 붙어, '~라는 것은 아니다, 항상 반드시~라고는 할 수 없다'라는 의미를 나타낸다. 어떤 주장이나 의견에 대해, '그것이 모두, 항상 타당하다고는 할 수 없다'라는 것을 나타낸다.

- 예) おさいせんは高ければよいというものではない。

  仕事は早く終われば終わるほどいいというものではない。
  しごと　お

4 〜がちだ 자주 〜하다

명사나 동사의 ます형에 붙는다. 명사에 접속하는 경우는 '그 명사가 나타내는 상태로 되기 쉽다, 그런 성질을 많이 갖고 있다'라는 의미를 나타낸다. 동사의 ます형에 접속할 때는 '의도하지 않아도 저절로 그렇게 되어버린다'는 것을 나타낸다. 주로 부정적인 경향을 나타낼 때 쓴다.

- 예) 新年は気持ちも新たになり、自分の実力以上のことを計画しがちにもなる。
  しんねん　き　　あら　　　　　じぶん　じつりょくいじょう　　　　　　けいかく

  私は子どもの頃、体が弱くて、病気がちだった。
  　　　　　　ころ　からだ よわ　　びょうき

※「〜気味だ」도「〜がちだ」와 마찬가지로 어떤 경향이 있음을 나타내는 표현이지만,「〜がちだ」
　ぎみ
는 횟수 등이 많을 때에 주로 사용한다. 이에 반해,「〜気味だ」는 물건이나 인물 등의 상태, 감정 등이 한쪽으로 조금 기울어져 있는 경우에 쓰며, 주로 좋지 않은 일에 쓰인다.「〜気味だ」는 명사나 동사의 ます형에 접속한다.

- 비교) 彼は疲れ気味だ。(그는 조금 피곤한 상태이다.)
  　　つか

  彼女は緊張気味だった。(그녀는 조금 긴장한 상태였다.)
  　　　きんちょう

신출단어

緊張 긴장
きんちょう

연습문제

1   □ 안에서 알맞은 표현을 골라 (　) 안에 넣어 주세요.

① このビルは、(　　　　　) 病院だったそうだ。
② 私には (　　　　　) 石にしか見えないが、実は高い宝石だそうだ。
③ 彼に別れを告げられたが、(　　　　　) 私は彼が好きだ。
④ 小さい町だが、あちこち見て回れば、(　　　　　) 疲れる。
⑤ 今から勉強をしても、(　　　　　) いい点数はとれない。

今では	それでも	それなりに	ただの
例えば	どうせ	なぜか	元々は

2   □ 안에 있는 문형을 골라, (　) 안에 알맞은 형태로 넣어 주세요.

① この病気は、寝ていれば治る (　　　　　)。
② 相手の立場を考えられること、それが大人 (　　　　　)。
③ 毎日遊んでばかりいる息子を見ると、「勉強しろ」と言わ (　　　　　)。
④ 疲れている時は、物事を悪いほうへと考え (　　　　　)。

～ずにはいられない	～というものだ
～というものではない	～がちだ

신출단어

石 돌　宝石 보석　回る 돌다　治る 낫다, 치료되다　大人 어른, 성인　物事 물건과 일, 사물

3 제시된 단어를 사용하여, 올바른 문장을 만들어 주세요.

① (ストレス／お酒／仕事／たまる／飲む)

 　_____ばかりで、_____ずにはいられない。

② (車／運動不足／運転している／なる)

 　_____と、_____がちだ。

4 선으로 연결하여 올바른 문장을 만들어 주세요.

㋐ 男性と女性で入場料が違うのは　・　　　・ Ⓐ ぜいたくというものだ。

　　　　　　　　　　　　　　　　　　　・ Ⓑ 不公平というものだ。

㋑ お金がたくさんあれば　・　　　　　　・ Ⓒ 幸せになれるというものではない。

| 신출단어 |

たまる 모이다　　運動不足 운동 부족　　ぜいたく 사치　　不公平だ 불공평하다

연습문제

5 아래 표 안에서 가로(→), 세로(↓), 대각선(↘) 방향으로 한자 단어를 찾아 주세요.

交	通	整	理
乗	鉄	振	告
運	勢	道	供
一	喜	一	憂

6 올바른 한자 읽기를 골라 ○를 해 주세요.

初詣で神社（しんさ・じんじゃ）やお寺に行く人は多い。着物を着た人もいて華（か
はつもうで　　　　　　　　　　　　　てら　　　　　　　　きもの　　　　　　　　　き
・はな）やかな雰囲気（ふんいき・ぶんいき）だ。有名な神社やお寺は300万人前後の
　　　　　　　　　　　　　　　　　　　　　　　　　　　　　　　　　まんにんぜん　ご
人が訪（おとず・ほう）れ、警官も出動（しゅっどう・しゅつどう）するほどだ。
　　　　　　　　　　　　けいかん

함께하기

●絵馬にはお願いをたくさん書いてもいいですが、普通は一番大切な願いを１つだけ書きます。

自分の願い事を書いてみよう。

例）

신출단어

絵馬 에마(신사나 절에 소원이나 감사의 마음을 적는 나무 판)　**願い事** 바라는 일

쉬어가기 － 도시코시소바(年越しそば)를 먹으며

大晦日

일본에서는 새해 전날인 12월 31일을 '大晦日'라 부르며, 새해에도 건강과 무병장수를 기원하는 의미로 '年越しそば'라는 국수를 먹는 풍습이 있다. 이는 잘 끊어지지 않는 메밀국수처럼 새해에도 가늘고 길게 무병장수하기를 바라는 의미가 있다. 해가 바뀌고 1월 1일이 되면 우리나라의 떡국과 비슷한 'お雑煮'를 먹는데, 지방마다 넣는 재료와 떡의 모양이 조금씩 다르다.

부록

1. 본문 해석 및 내용 체크 정답
2. 연습문제 정답
3. 색인

1. 본문 해석 및 내용 체크 정답

1과 이거 데워 드릴까요?

'편의점이라면 ○○!'
과자나 음료를 비롯하여 문구, 비누, 건전지…, 편의점에는 실로 많은 물건이 놓여 있다. 여러분이라면 ○○에 어떤 말을 떠올릴까.

일본인이라면 도시락이나 주먹밥, 디저트를 예로 드는 사람이 많을 것이다. 그 정도로 일본의 편의점에는 여러 종류의 음식이 진열되어 있다. 그리고 서비스도 조금 다르다.

한마디로 말하자면, 한국의 편의점은 '셀프'형이다. 예를 들어, 편의점에서 도시락이나 컵라면, 우유를 산다. 카운터에 놓인 젓가락이랑 빨대는 자신이 가져간다. 가져가는 것을 잊어버려도 잘못한 것은 자신이다. 그 자리에서 먹을 때는 자신이 전자레인지로 데운다. "전자레인지, 사용해도 됩니까?", "젓가락, 가져가도 됩니까?"라고 일일이 묻지 않아도 된다. 택배를 보낼 때도 자신이 기계에 입력하고, 무게를 재고, 스티커(운송장)를 붙인다. 점원의 일은 카운터에서 돈을 받는 것뿐이다.

한편, 일본의 편의점은 '대접'형이다. 도시락을 사면, 점원이 "이거 데워 드릴까요?", "젓가락은 넣어 드릴까요?"라고 묻는다. 도시락은 대개 점원이 데워 준다. 또한, 일본의 편의점에서는 아무것도 사지 않아도 화장실을 빌릴 수 있다. 편의점의 화장실은 언제, 누가 들어와도 좋도록 깨끗하게 청소되어 있다. "일본으로 여행 가서 화장실이 급하다면 편의점으로!"라고 하는 사람도 있을 정도이다.

일본의 편의점에 들어가면 서비스가 좋고 친절하다고 생각하면서도, 너무 세심하고 번거로워, 한국 쪽이 마음 편하다고 생각하는 경우도 있다. 여러분은 어느 쪽의 편의점이 좋은가.

✎내용 체크
① (○)
④ (○)

2과 다음은 신주쿠입니다

버스나 지하철, 전철은 우리들의 통근이나 통학에 빼놓을 수 없다. 매일 아침 전철을 타고 통근·통학을 하는 사람도 많을 것이다.

일본에서 전철이나 지하철을 타면 차장의 방송이 자주 들려온다.

"다음은 신주쿠입니다", "마루노우치선은 갈아타 주십시오" 등 안내를 하는 것은 물론이고, 때때로 차장의 다정한 마음이 보일 때가 있다. 아침에는 "건강하게 다녀오십시오"라고 한마디 말해 준다. 마지막 전철에서는 "오늘도 수고하셨습니다"라고 방송해 주는 차장도 있다.

또한, 봄에 지상을 달리는 전철을 타면, "왼쪽을 보십시오. 벚꽃이 만개했습니다"라고 관광가이드 같은 방송이 들리는 경우도 있다. 또, 일본에서는 어린이들이 밖에서 전철을 향해 손을 흔드는 경우가 자주 있는데, 그런 때는 반드시 손을 흔들어 답해 준다.

이런 이야기도 있다. 이른 아침부터 오전 9시경에 걸친 러시아워에는 전철에 타지 못한 사람이 플랫폼에 넘쳐나는 광경을 자주 볼 수 있다. 아침은 모두 서두르고 있기 때문에 만원전철 안에 억지로 타려는 승객도 있다. 그 때, 차장이 "문이 닫힙니다"라고 말하기보다 "문을 닫습니다"라고 말하는 편이 승객의 무리한 승차(승차 다이빙)가 줄었다고 한다. 차장의 마음을 잘 알아듣게 표현했기 때문일지도 모른다.

이에 비해, 한국의 지하철에서는 녹음된 음성안내만이 흘러나오는 경우가 많았다. 하지만, 최근에는 조금씩 "수고하셨습니다"나 "다녀오십시오"라고 말해 주는 차장이 늘어나기 시작했다.

우리들의 안전과 행복을 위해 일하는 차장. 전철을 탔을 때, 차장의 모습에 주목해 보는 것은 어떨까.

✎내용 체크
① (○)
④ (○)

3과 몇 분입니까?

"어서 오십시오. 몇 분입니까?"
"아, 혼자입니다만"

레스토랑이나 커피숍에서 반드시 받게 되는 이 질문에 '혼자'라고 답할 때, 왠지 부끄럽다고 느낀 적이 있는 사람도 있을 지도 모른다. 영화, 여행, 노래방, 콘서트, 식사…. 이들 중에서 당신이 혼자라도 걱정되지 않는 장소는 몇 개나 있을까. 어쩌면 같은 '식사'라도 주문하는 것이나 가게의 종류에 따라서 아무렇지 않은 곳과 들어가기 어려운 곳이 있을지도 모른다.

2000년대 초, 어떤 수필 중에서 '자기 혼자의 시간과 생활을 즐길 수 있는 '개인'을 확립한 여성이 되자'라는 의미로 '한 분'이라는 말이 사용되고, 머지않아 텔레비전이나 잡지에서도 거론되게 되었다. 그때까지도 한국보다는 일본 쪽이 혼자 행동하는 여성이 많았다. 하지만, 혼자서는 행동하기 어렵다고 생각하는 여성도 적지 않았다.

'한 분'이라는 말이 유행하기 시작하자, 혼자 참가하는 버스 투어, 일인 노래방 전문점, 일인 불고기 가게 등이 연이어 탄생했다. 선술집이나 노래방에서 "한 명입니다"라고 말해도 점원이 "에?"라는 얼굴을 하는 경우도 적어졌다. 여성이 혼자서 행동할 수 있는 장소가 급속하고, 현격하게 퍼진 것이다. 그리고 '한 분'이라는 말은 이제는 여성뿐만 아니라, 연대나 성별을 뛰어넘어 쓰이게 되었다.

그렇다고 해도, 혼자서는 행동하기 어렵다고 생각하는 사람도 아직 적지 않은 것 같다. 또한, '혼자서 행동해 보고 나서야 친구의 소중함을 알았다'라는 목소리도 있다. 그러나 '언제나 친구와 함께'의 시대에서 '복수라도, 혼자라도'의 시대로 변한 것은 결코 나쁜 것은 아니라고 생각한다.

📝 내용 체크
② (◯)
④ (◯)

4과 그 몸짓, 어떤 의미?

대학이나 어학학교에서는 다양한 나라로부터 온 유학생과 만날 수 있다. 그들과 같이 수업을 받고 있으면 재미있는 것을 깨닫는다.

선생님에게 질문할 때나 자신의 의견을 말하고 싶을 때, 학생은 손을 들고 발언한다. 그 손을 드는 방법이 모두 다른 것이다.

나라마다 학생에게 물어보니, 일본 학생은 가위바위보의 '보'처럼 편 손바닥을 상대를 향해 똑바로 든다. 한국 학생은 이것과 같은 사람도 있지만, 손을 쥐고 주먹을 만들어 손을 드는 사람도 많다.

미국 학생은 손을 가볍게 쥐고 집게손가락만 펴서 손을 들거나, 펜을 쥔 채로 손을 드는 학생도 있다. 몽골 학생은 책상 위에 팔꿈치를 놓고 손바닥이 옆으로 되도록 손을 든다. 이것은 러시아나 중국에서도 마찬가지이다.

손드는 방법에 관해서는, 어느 나라에서도 초등학생 때에 손을 드는 방법을 배웠다는 학생이 많다. 미국 학생이 집게손가락을 펼치는 것은, 자신에게 의견이 있다는 것을 알리려는 의미다. 몽골에서는 손을 전부 드는 것은 윗사람에게 실례이기 때문에 팔꿈치를 붙이고 손을 든다고 한다.

또한, 누군가에게 무언가를 듣고 '예스'나 '노'로 대답할 때, 한국인도 일본인도 '예스'일 때는 목을 위아래로 흔들고, '노'일 때는 좌우로 흔든다. 그러나 인도에서는 '예스'일 때는 목을 좌우로 흔들고, '노'일 때는 위아래로 흔든다. 같은 몸짓인데도 전혀 반대의 의미를 나타내는 것은 흥미롭다.

외국 사람과 이야기하고 싶을 때 말은 물론 중요하지만, 말이 통하지 않는다고 해서 실망할 필요는 없다. 몸짓의 아주 작은 차이를 이해하고 웃는 얼굴로 만나 보면, 말 이외의 의사소통이 가능하지 않을까.

📝 내용 체크
① (◯)
② (◯)

5과 뭐라고 읽어?

"너, 이름은?"
"건강!"
"그게 아니고, 이름은?"

쇼와 말경의 이야기다. 당시는 형용사로 된 이름은 그다지 많지 않아서 '건강'이 이름인지 모르는 사람도 있었다. 그 중에는 받아들이기 어려운 사람도 있었던 것 같지만, 지금은 희귀한 이름이 아니게 되었다.

부모는 아이에게 다양한 소원을 담아 이름을 짓는다. 이름은 아이의 인생을 좌우할 수도 있는 소중한 것이다. 일본에서는 이름의 한자에 부모의 소원을 넣는 경우가 많다. 전문가에 의하면, 일본이 가난했을 시대에는 남자 아이에게는 '시게루(茂)', '미노루(実)' 등 수확에 관한 이름이, 여자 아이에게는 '사치코(幸子)·유키코(幸子)'처럼 '행복'을 기원하는 이름을 많이 지었다고 한다.

요즘에는 개성적이고 기억하기 쉬운 이름이 인기라고 한다. 그리고 자연에 관한 한자를 선호한다고 한다. 예를 들면 '하루토(陽人)', '미쓰키(美月)·미즈키(美月)', '히나(陽菜)' 등이다.

일본에서는 이름에 쓸 수 있는 한자는 법률로 정해져있지만, 읽는 법에 대해서는 자유롭다. 예를 들면 '歩'라는 한자의 경우, '아유미'로 읽는 사람도 있고, '아유무'로 읽는 사람도 있다. '人'은 '진', '닌', '히토'로 읽지만, 이름에서는 '아키토(明人)'처럼 '토'로 읽는 경우가 많다. 그리고 최근에는 이처럼 본래와는 다르게 읽는 이름이 늘고 있다. 예를 들면 '고코로(心)'와 '아이스루(愛する)'에서 '고코아(心愛)', '오오조라오 카케루(大空を翔る)'로 '가케루(大翔)·히로토(大翔)·하루토(大翔)' 등이다.

또한, 한자에 영어를 단 '마린(海)'이나 애니메이션에서 따온 '피카추(光宙)' 등도 있다고 한다. 그러나 너무 개성적인 이름은 자칫 잘못하면 따돌림으로 이어질 수 있다. 어느 시대도, 어느 나라에도 새로운 이름이나 유행하는 이름은 있다. 여러분이라면 아이에게 어떤 이름을 지어줄 것인가?

📝 내용 체크
③ (◯)
④ (◯)
⑤ (◯)

6과 만날 약속을 하면…

"아뿔싸! 지각이다!"

그만 무심코 늦잠 자거나, 전철 사고나 버스 정체 등으로 어쩔 수 없이 지각해 버린 일은 누구라도 있을 것이다. 그럴 때, 여러분은 어떤 식으로 연락을 할까.

이런 이야기를 들은 적이 있다. 한국인과 일본인 그룹이 만나기로 했다. 그때, "10분 정도 늦을 것 같습니다"라고 연락한 사람과, "20분 정도 늦을 것 같습니다"라고 연락한 사람이 있었다. 그런데 결국 양쪽 모두 15분 후에 거의 동시에 도착했다고 한다.

전자가 한국인이고, 후자는 일본인이다. 이 이야기처럼, 약속 시간에 늦을 것 같을 때 늦어지는 시간에 대해서 한국인은 조금 짧게 말하는 경향이 있는 반면, 일본인은 약간 길게 말하는 경향이 강하다고 한다.

"이제 곧 도착해"라는 말도 마찬가지다. 한국인은 15분 후에 도착하는 경우에도 "이제 곧 도착해"라고 말하는 사람이 많지만, 일본인은 설령 5분 후에 도착하더라도 전철을 내릴 때까지는 말할 수 없다는 사람이 많다. 물론, 사람에 따라서도 다르고, 상황에 따라서 바뀌는 경우도 있지만, 한국인은 시간을 짧게 말함으로써 상대방에게 기다리는 시간을 짧게 느끼게 해 주려는 마음이 있다.

한편, 일본인은 시간을 길게 말하면서 그것보다 일찍 도착할 수 있도록 노력하는 마음이 있는 것 같다. 양쪽 모두 기다리는 상대를 배려하고 있지만, 배려의 방식이 달라서 재미있다.

옛날에는 '코리안 타임'으로 불리기도 했지만, 요즘에는 한국에서도 시간을 지키는 것에 엄격해졌다. 그래도 시간에 대한 생각은 한국과 일본에서 역시 조금 다르다. 물론, 친구를 오래 기다리지 않게 시간을 지키는 것이 제일이지만, 서로 시간에 대한 생각을 이해한다면 만나기로 했을 때 놀랄 일이 적어질지도 모른다.

🔖 내용 체크
② (○)
③ (○)

7과 내 스타일 아니야

가타카나 단어의 대부분은 '외래어'이다. '외래어'란 일본어 이외의 말을 가타카나로 써서 표현한 말로, 영어에서 생겨난 것이 많지만, 영어 이외에도 여러 나라의 말이 사용되고 있다.

'스톱!'이나 '파이팅!'처럼 아이부터 노인까지 세대를 불문하고 사용되는 것도 있고, '담배', '유리'처럼 외국에서 전해졌지만, 외래어라고 알려지지 않은 것도 있다.

또, 원래의 말을 짧게 생략한 것도 있다. '편의점(コンビニ)'의 원래의 말은 '편리한 상점(コンビニエンスストア)' 이고, '테레비'는 '텔레비전'을 생략한 말이다.

또한, 본래의 영어와 전혀 다른 외래어를 사용하는 말도 있다. 예를 들면, '커닝'이라는 말이 있다. 이것은 학생이 시험을 볼 때에 몰래 답안을 보면서 해답을 쓰는 것을 나타내는 말이다. 한국에서도 똑같이 사용한다. 그러나 영어에서 '커닝(cunning)'은 '교활하다'는 의미라고 한다. '시험에서 커닝을 하다'라고 말해도, 미국인이나 영국인이 보면 전혀 의미가 통하지 않는 이상한 말이 되어 버릴 것이다.

일본어에서도 한국어에서도 외래어는 많이 쓰인다. 영어에서 유래한 외래어는 한국과 일본에서 똑같이 사용하는 것도 많다. 그러나 말에 따라서는 조금 사용법이 다른 것이 있어 재미있다. 예를 들자면 '스타일'이라는 말이 있다. 일본어에서는 외모에 대해서 이야기할 때, 키가 크고 호리호리한 사람을 "스타일이 좋다"고 말하곤 한다. 한국어에서는 자신의 기호나 취향을 이야기할 때 사용하는 것이 많아서, 자신의 취향에 맞지 않을 때에 "내 스타일 아니야"라고 말하기도 하지만, 이런 사용법은 일본어에는 없다.

일본어 표현을 풍부하게 해 주는 외래어, 가타카나는 어렵다는 이미지도 있지만 많이 배워서 활용해 보자.

🔖 내용 체크
① (○)
④ (○)
⑤ (○)

8과 이제 슬슬 시작되네요

외국인 관광객이 많은 서울의 거리나 관광지에 가면, 마스크를 하고 있는 일본인을 보는 일이 있을 것이다. 일본에 가면, 그 이상으로 마스크를 하고 있는 사람이 눈에 띌 것이다. 통근이나 통학할 때에는 많은 사람들이 마스크를 하고 있다. 일본인의 마스크 사용률은 한국인보다 훨씬 높다.

"이제 슬슬 시작되네요"
"아니요, 벌써 날리고 있어요"

도쿄에서는 2월이 되면 이런 대화가 여기저기서 들린다. 일본에서는 주로 2월 중순에서 5월경에 걸쳐 공기 중에 많은 양의 꽃가루가 날린다. 꽃가루 때문에 재채기나 콧물이 안 멈추게 되거나, 눈이 새빨갛게 되는 사람이 속출한다. 재채기, 콧물뿐만 아니라 두통이 있거나, 열이 나거나 하는 사람도 있다. '꽃가루 알레르기'라고 불리는 일종의 알레르기 증상이다. 약국에서는 꽃가루 알레르기를 위한 약이나 보충제가 여기저기서 팔리고, 텔레비전에서도 특집 방송이 편성된다. 매일 일기예보에서는 '오늘의 꽃가루 정보'가 나온다.

"감기예요?"
"아니요, 꽃가루 알레르기예요"
꽃가루 알레르기라는 단어가 널리 퍼지기 시작했을 때는 이런 대화가 들렸다. 그것이 요즘에는 "꽃가루 알레르기예요?" "아니요, 그냥 감기예요"라고 반대의 대화를 주고받게 되었다.
꽃가루 알레르기의 원인은 삼나무나 노송나무 등의 꽃가루다. 전후 일본에서는 전쟁에서 불에 탄 거리의 부흥을 위해서 많은 산의 나무가 사용되었다. 그 결과, 나무가 적어진 산은 산사태 등의 재해를 일으켰다. 그 재해를 막기 위해 다량으로 심어진 것이 삼나무였다. 그리고 수십 년 후, 성장한 삼나무는 매년 다량의 꽃가루를 날리게 될 것이다.
원인은 그것뿐만이 아니다. 경제가 발전함에 따라 도시 개발이 진행되고, 도로가 아스팔트나 콘크리트로 된 것도 한 원인이다. 꽃가루가 지면에 흡수되지 못하면서, 꽃가루가 공기 중에 계속 흩날리게 된 것이다. 자연과 인간과의 공존은 간단하지는 않지만, 모두가 마스크를 벗고 웃는 얼굴로 외출할 수 있는 날이 오면 좋을 것 같다.

📎 내용 체크
① (○   )
② (○   )
⑤ (○   )

9과 세계에 음식 문화를 알리자

2013년 12월, 유네스코 세계유산 무형문화유산에 한국의 '김치와 김장 문화'와 일본의 '일식, 일본인의 전통적인 음식 문화'가 등록되는 것이 결정됐다.
한국에서는, 겨울이 되기 전에 1년분의 김치를 만들어 두는 '김장'을 하는 전통이 있다. 10월부터 11월에 걸친 한국의 풍물시이다. 한국의 겨울에 빠질 수 없는 김장 문화를 세계에 널리 알리는 것에 더해, 김장 문화를 지켜가는 것 등이 그 목적이다. 최근에는, 신선한 김치를 바로 살 수도 있고, 김치를 먹는 양이 적어져서, 김장 때 만드는 김치 양도 적어졌다는 이야기를 듣는다. 전통적인 음식 문화가 변해 버리지 않도록 지키자는 생각이다.
또한, 일본의 '일식'도 무형문화유산에 등록되었다. 쌀이나 된장, 야채나 생선 등 건강적이고, 영양 균형이 좋은 식사인 점, 자연의 아름다움이나 사계절의 변화에 맞춰 식기를 고르거나, 요리를 담는 독자적인 문화가 있는 것 등이 세계유산에 선정된 이유이다. '일식'에는 외국에서도 잘 알려져 있는 초밥이나 생선회는 물론, 손님들을 대접하는 회석요리와 같이 매너나 예의범절이 엄격한 것도 있다. 또한, 설음식처럼 계절이나 행사에 맞춘 요리도 있고, 매우 폭이 넓다.

그러나, 이런 전통적인 문화를 가진 '일식'을 먹을 기회가 점점 줄어들고 있다. 전통적인 일식 레스토랑은 고급으로 좀처럼 갈 수 없고, 요즘 젊은 사람들은 서양화된 식사나 패스트푸드를 좋아하는 경향이 있다.
한국에서도 일본에서도 "세계유산에 선정된 이상, 세계에 음식 문화를 알리고 싶다!"는 사람이 늘었다. 그러나 먼저 자신들이 자신들의 문화를 잘 알 필요가 있는 것이 아닐까? 현대사회에 있어서는, 김장도 일식도 손이 많이 가는 귀찮은 것일지도 모르겠지만, 스스로 음식 문화를 사랑하는 것도 중요하다. 진정한 의미로 '세계유산'이 될지 어떨지, 그것은 우리들 마음에 달려 있다.

📎 내용 체크
① (○   )
⑤ (○   )

10과 귀사가 제1지망입니다

취업 활동 금지령이 풀리는 날-오피스 거리는 '리쿠르트 슈트'라고 불리는 검정이나 감색의 정장을 입은 학생들로 가득해진다. 이 날부터 수개월, 일본의 학생들은 졸업 후의 진로를 찾아 취업 활동을 위해 뛰어다닌다.
한국에서는 졸업 전 마지막 학기나 졸업 후에 회사에 이력서를 보내고, 취직 시험을 본다. 그리고 정해지면 바로 입사한다. 그 시기는 제 각각이다. 한편, 일본은 세계에서도 특이한 '신졸일괄채용제도'를 채택하고 있다. 일본에는 'O월 O일부터 학생과 기업이 접촉해도 괜찮습니다'라는 '취업 활동 해금일'이 있다. 기업은 해금일 전에는 학생에게 접촉하는 것뿐만 아니라 회사 설명회를 여는 것조차 할 수 없다.
최종 면접에 합격하면 '비공식 채용 예정 통지'가 나온다. 비공식 채용 예정 통지란 '내년 4월 1일부터 우리 회사에서 일할 수 있습니다'라는 비공식 약속이다. 그리고 10월 1일에 정식 내정을 받고, 다음 해 4월 1일부터 신입사원으로써 일하기 시작한다. 사회의 변화에 따라 해금일이나 면접의 형식은 바뀌어도, 이 일괄채용제도만은 예전부터 변함없이 이어지고 있다.
"당신이 대학생활을 통해 배운 것은 무엇입니까?"
"대학생활에서 얻은 것은 무엇입니까?"
면접이나 입사지원서에서 묻는 이 표준적인 질문은 많은 학생들을 고민하게 만든다. 어떤 목적을 가지고 대학생활을 해 왔는지, 어려운 일에 부딪혔을 때 어떻게 극복했는지를 묻는 질문이라는 것은 알고 있지만, 그것을 알기 쉽게 어필하는 일은 간단하지 않다.
취업 활동이라고 해도, 일본에서는 한국만큼 학생의 스펙을 요구하지 않는다. 스펙보다도 오히려 학생이 가진 장래성이 중시된다. 그러나 '장래성'이란 본인의 눈에 보이는 것이 아니다. 면접도 나쁘지 않았고, 내정을 꼭 받을 수 있을 것이라고 생각해도 안 될 때도 있고, 그 반대도 있다. 어떤 회사에서도 '귀사가 제1지망입니다'라고 말하면서 자신을 어필한다. 취업 활동이 끝나고 나서 '내가 내가 아닌 것 같았다'라고 자신을 뒤돌아보는 사람도 적지 않다. 한국에서도 일본에서도 학생을 고민하게 만드는 취업 활동. 한 명이라도 많은 사람이 희망하는 진로로 나아가길 바란다.

내용 체크
② (○)
④ (○)

11과 방언은 '억수로' 재미있다!

어떤 나라 말에도 반드시 있는 것이 '방언'. 외국어를 공부할 때, 보통은 '표준어'나 '공통어'라고 불리는 말을 중심으로 공부를 한다. 그러나 실제 그 나라 사람과 이야기를 하면 방언으로 말하는 사람을 자주 만난다.

일본어를 예로 들면, 도쿄 말에 바탕을 두고 만들어진 말이 '공통어'이며, 교과서나 신문이나 텔레비전 등에서도 사용된다. 그것에 대해, 지방별로 사용되는 말이 있어, 그것을 '방언'이라고 한다. 일본은 세로로 길다는 지리적인 조건도 있어서, 방언이 많이 있다.

어떤 것을 보여 주면서 "이것을 뭐라고 말합니까?"라고 질문했을 때에, 지방에 따라서 대답이 전혀 다른 것이 있다. 예를 들면, 다쳤을 때에 붙이는 '반창고(ばんそうこう)'. 홋카이도에서는 'サビオ', 규슈에서는 'リバテープ'라고 하는 경우가 많다고 한다. 이것은 각각의 지역에서 잘 팔리고 있는 상품명을 사용하게 되었기 때문이라고 한다. "매우 크다(とても大きい)"라고 할 때의 'とても'에도 방언이 있다. 오사카에서는 'めっちゃ', 홋카이도에서는 'なまら', 히로시마에서는 'ぶち'라고 말하기도 한다.

또 인사에도 방언이 있다. '감사합니다(ありがとう)'라고 할 때, 오사카에서는 'おおきに', 시마네에서는 'だんだん' 등이라고 말한다고 한다. 저녁 인사인 '안녕하세요(こんばんは)'도 재미있다. 홋카이도나 도호쿠(동북지방)에서는 'おばんです'라고 말하거나, 시가나 나라에서는 'おしまいなあれ'라고 말하는 경우도 있다고 한다.

그러나, 이들 방언은 시대와 함께 그다지 사용하지 않게 되었다. 방언은 멋없다라는 이미지가 있는지, 젊은 세대를 중심으로 별로 사용하지 않게 되었다. 도쿄 등의 대도시에 이사하면 방언을 쓰지 않을 것이라는 사람도 많다. 그런 것 치고는, 방언을 사용해 지방을 어필하는 CF나 드라마는 인기가 있다. 즉, 방언은 사람들 마음의 고향인 것 같다.

방언을 말한다고 해서 부끄럽게 여길 필요는 없다. 방언을 쓰면, 오히려 그 지방 사람과 마음이 가까워지는 기회도 될 것이다. 만약, 지방으로 여행할 일이 있으면, 방언을 사용해 보는 것은 어떨까? 상대방은 분명히 기뻐해 줄 것이다. 공통어뿐만 아니라, 방언의 따뜻함과 재미를 느껴 보는 것도 좋지 않을까.

내용 체크
③ (○)
④ (○)
⑤ (○)

12과 지금밖에 살 수 없다, 여기서밖에 살 수 없다

한국의 편의점에서는 '1+1'이라는 스티커를 자주 본다. 슈퍼마켓에서도 '한 상자 사면, 또 한 상자 덤'이라는 스티커가 여기저기에 붙어 있다. 이러한 것들은 일본에서는 그다지 보지 못하는 광경이지만, 여러분은 한국에서 왜 이런 말이 자주 사용되는지 생각해 본 적이 있을까.

일본의 편의점에서는 '1+1'이 아니라 '○○ 한정' 이라는 스티커가 여러 상품에 붙어 있다. 겨울 기간에 한해서 판매되는 '동계 한정 초콜릿', 편의점에서밖에 살 수 없는 '편의점 한정 맥주' 등 '한정'이라는 문자가 가게 안 여기저기에서 춤추고 있다.

백화점 화장품 매장에 가면 '이것은 올 겨울 한정으로 나온 색깔입니다'라고 하는 등의 세일즈 토크가 들려온다. 그 색이 평생 만들어질 수 없는 것은 아닐 것이고, 봄에는 다른 상품명으로 팔릴지도 모르는데, '한정'이라고 들으면 왠지 '이 기회를 놓치면 두 번 다시 살 수 없다'라는 기분이 들게 된다.

일본인은 여행을 가면 선물, 특히 소소한 음식을 사는 사람이 많다. 지방의 역이나 관광지에서는 그 지방의 특산물과 함께 '○○ 한정'이라고 쓰여진 과자가 진열되어 있다. 슈퍼마켓에서 사면 150엔 정도의 스낵이나 캐러멜이 홋카이도라면 '홋카이도 메론 맛', 오사카면 '다코야키 맛', 후쿠오카라면 '명란젓 맛'과 같이, 그 지방의 특산물 맛이 가공되어 팔리고 있다. 그 문자를 보면 '여기서밖에 살 수 없고, 다른 선물을 사면서 더불어 이것도 하나'라고 생각해서, 나도 모르게 사 버린다.

어떤 조사에 의하면, 기간이나 계절, 지역 한정 상품을 산 적이 있는 일본인은, 남녀 모두 20대부터 60대 모든 연령대에서 60%를 넘는다고 한다. 그리고 '한정이라는 말에 끌렸다', '평소에 살 수 없는 특별한 느낌이 있다'라는 이유를 드는 사람이 많았다고 한다. 아무래도 일본인은 성별, 연령에 상관없이 '○○ 한정'이라는 말에 약한 것 같다.

일본의 회사는 소비자의 마음을 잡기 위해서 '한정'이라는 말을 무기로 경쟁을 계속해 나갈 것이다. 그리고 일본의 한정 문화도 계속 발전해 나갈 것으로 생각된다.

내용 체크
① (○)
③ (○)

내용 체크
① (○)
④ (○)

13과 오늘은 인터넷 카페에서 묵습니다

만화는 마음대로 읽을 수 있음, 인터넷은 마음대로 쓸 수 있음, 음료수는 마음대로 마실 수 있음, 방은 독방. 여성 전용층이 있는 가게도 많다. 샤워뿐만 아니라, 동전식 세탁기나 네일샵이 있는 가게도 있다. 최근의 만화 카페나 인터넷 카페의 충실한 모습에는 놀랄 정도다.

3시간에 1,000엔 전후, 하룻밤에도 1,000~2,000엔 정도로 이용할 수 있는 이들 가게는, 젊은이들뿐만 아니라 샐러리맨이나 주부에게도 인기가 있다. 교외에서는 주부가 낮에 모여서 DVD를 보거나, 모임을 하거나 할 수 있는 가게나 중고생이 공부할 수 있는 방으로써 이용할 수 있는 공간이 있는 가게도 있다고 한다. 한편, 택시비나 호텔비가 비싼 도시에서는, 막차를 못 탄 샐러리맨이나 대학생이 호텔에 머무는 대신 이용하는 경우도 많다. 그런데, 수년 전부터 이 인터넷 카페에서 새로운 손님층을 볼 수 있게 되었다.

지금, 일본에서는 '인터넷 카페 난민'이라고 불리는 사람들이 늘고 있다. 인터넷 카페를 생활의 장소로써 이용하는 사람들을 말한다. 예전의 일본은, 학교를 졸업하고 회사에 들어가면, 정년까지 일을 할 수 있었다. 또 연령과 함께 어느 정도의 출세도 보장되어 있었다. 그러나 1990년대부터 계속된 경제 약진에 의해 이런 제도가 무너지고, 계약사원이나 아르바이트 등의 비정규고용자가 늘었다. 그리고 오늘날의 일본은 '격차사회'라고 불리어지게 되었다.

이들 중에는, 방을 빌려서 생활할 만큼의 수입이 없는 사람이나 한 달에 며칠밖에 일이 없는 사람, 명예퇴직으로 일이나 집을 잃은 사람도 있다. 일본에서 방을 빌릴 때에는, 보증인이나 신분을 보증할 수 있는 직장·학교가 필요하다. 그래서, 이런 사람들은 방을 빌릴 수 없는 것이다. 그리고 이런 사람들이 점차 인터넷 카페에서 머물게 되어, 머지않아 '인터넷 카페 난민'이라고 불리게 된 것이다. 도시에서는 야간 패키지 요금이 시작되는 시간이 되자마자, 만석이 되는 가게도 있다고 한다.

인터넷 카페 난민은 젊은 사람들만의 이야기가 아니다. 20대 다음에 많은 것이 40, 50대. 40% 전후를 여성이 차지한다고 한다. 격차가 계속 벌어지고 있는 일본. 앞으로의 일본은 어떻게 될 것인가?

14과 옛날 옛적, 어느 곳에…

누구나 어린 시절에는 그림책이나 동화책을 읽은 적이 있을 것이다. 아이들이 매우 좋아하는 이야기에는 공주님이 많이 나온다. 오늘은 세계의 공주님을 비교해 보자.

먼저, 유럽 동화에 나오는 공주님을 알아보자. 유명한 이야기라고 하면 '신데렐라'를 들 수 있다. 신데렐라는 계모와 언니로부터 구박을 받았지만, 마법사의 마법으로 무도회에 가서, 왕자님과 만난다. 돌아올 때에 떨어뜨린 유리 구두 덕분에 왕자님과 다시 만나, 행복하게 산다는 내용이다. 또, '백설공주'도 잘 알려져 있다. 백설공주는 계모에게 미움을 받아, 결국 독이 든 사과를 먹고 죽을 뻔하지만, 왕자님이 구해 줘서 행복하게 산다는 이야기이다. 이 외에도 유럽의 동화에는 불행한 공주님을 왕자님이 구해 줘서 행복하게 산다는 이야기가 많다.

그럼, 우리들에게 가까이 있는 한국이나 일본의 옛날 이야기는 어떨까.

한국의 옛날 이야기 '콩쥐팥쥐'는 한국의 '신데렐라'라고 불리는 이야기이다. 불행한 주인공을 왕자님이 구해 준다는 공통점이 있기 때문이다. 그러나 실은 이런 이야기는 한국에서는 그다지 많지 않다. 예를 들면 '심청전'이라는 이야기가 있다. 가난한 심청이 아버지를 위해 자신을 희생한다. 그 모습을 보고 감동한 임금님을 만나 왕비가 된다는 이야기이다. 하지만, 이 이야기는 임금님이 구해 주었다는 것이 중요한 것이 아니다. 주인공이 가난함에도 불구하고, 효도를 함으로써 행복해 진다라는 부분이 특징적인 것이다.

마지막으로, 일본의 옛날 이야기에 나오는 공주님에 대해서 조사해 봤다. 그러나 일본의 옛날 이야기에는 공주님이 그다지 나오지 않는 것 같다. 잘 알려진 것은 '가구야히메' 정도밖에 없다. 가구야히메는 대나무 속에서 태어난 공주이다. 매우 아름답다고 평판이 난 가구야히메는 많은 남성에게 프로포즈를 받지만, 그것을 모두 거절한다. 가구야히메는 사실은 달의 인간으로, 보름달이 뜨는 날, 달이 빛나는 동안에 달에 돌아가지 않으면 안 된다는 것을 알고 있다. 그래서 결혼할 수 없는 것이다. 마지막 날, 키워 주신 할아버지와 할머니에게 작별을 고하고, 달에 돌아간다는 슬픈 결말이다.

동화나 이야기에 빠질 수 없는 공주님. 그 모습은 문화에 따라 상당히 다른 것 같다. 여러분은 어떤 공주님에게 마음이 끌릴까.

📝 내용 체크
① (○   )
② (○   )
④ (○   )

15과 인연이 나타나기를

"待ち人来たらず라는 게 무슨 의미?"
"그런 거 몰라도 돼!"

어린 시절의 설날. 엄마에게 물어봐도 가르쳐 주지 않았던 점괘의 의미. 지금은 그 의미도 알고, 제비 뽑기는 그냥 점이라는 것도 알고 있다. 하지만 설날에 신사나 절에 가면, 왠지 뽑지 않을 수 없다. 나무 상자를 흔들어 나온 막대기 번호를 알리고, 두근두근하면서 1년의 운세를 점치는 종이를 받는다. 제비 뽑기의 결과에 기뻐하거나 불안해 하는 것, 그때뿐인 놀이인 것이다. 어차피 12월에는 뭐가 쓰여 있었는지 기억하지 못할 테니까. 그래도 새해라는 것은 뭔가가 일어날 것 같은 기분이 들게 되니까 이상한 일이다.

일본에서는 많은 사람이 가족이나 친구와 연초에 신사나 절에 참배를 하러 가고, 1년 건강이나 안전, 행복을 빈다. 정갈한 기모노를 입고 있는 사람도 여기저기 보이고, 신년의 화려한 분위기를 느낄 수 있다. 이런 참배가 관습화한 것은 그렇게 옛날 이야기가 아니다. 메이지 시대에 철도회사가 '올해는 전철을 타고 ○○에서 참배합시다'라고 유명한 신사나 절을 PR한 것이 시작이라고 한다. 즉, 크리스마스나 발렌타인데이와 같이, 철도회사의 마케팅 전략의 결과인 것이다. 그것이 지금에서는 완전히 연중행사로써 일본인 사이에 정착했다. 유명한 신사나 절은 정월 3일 동안만 300만 명 전후의 사람이 방문해, 교통 정리를 하는 경관이 출동할 정도다.

신사나 절에서는, 기도하기 전에 '시줏돈(おさいせん)'이라는 돈을 던진다. 원래는 '신으로부터 받은 복에 감사해서 공양하는 돈'이라는 의미였지만, 근래에는 '자신의 소원을 들어준다'라는 의미가 강해진 것 같다. 시줏돈은 많이 낸다고 좋은 것은 아니다. 예를 들면, '인연이 있다(멋진 사람과 인연이 생긴다)'라는 의미로 5엔짜리 동전을 던지는 사람도 많다.

'한 해의 계획은 설날에 세움'이라는 말도 있지만, 신년은 기분도 새롭게 되고, 자신의 실력 이상의 일을 계획하기 쉬워지기도 한다. 그러나 아무리 제비 뽑기의 결과가 좋아도, 시줏돈을 던져서 기도를 해도, 노력을 하지 않으면 좋은 결과는 얻을 수 없을 것이다. 12월이 되어 '나름 좋은 한 해였다'라고 말할 수 있는 하루하루를 보내고 싶다.

📝 내용 체크
③ (○   )
④ (○   )

2. 연습문제 정답

1課 こちら、温めますか

1. ① サービス
   ② セルフ
   ③ ストロー
   ④ レジ
   ⑤ スイーツ

2. ① 一方で
   ② をはじめ
   ③ といえば
   ④ なくてもいい

3. ① 明日は休みなので、早く起きなくてもいい。
   ② 彼女はお金がないと言う一方で、高いバッグをいくつも買っている。

4. ㋐-ⓒ
   ㋑-ⓑ

5. 種類
   機械
   親切
   面倒

6. 弁当(べんとう)
   牛乳(ぎゅうにゅう)
   温(あたた)
   文具(ぶんぐ)
   宅配便(たくはいびん)

2課 次は、新宿です

1. ① 働いて
   ② 聞こえて
   ③ 増えて
   ④ かけて
   ⑤ 急いで

2. ① にかけて
   ② きれない
   ③ に対して
   ④ ようとした

3. ① テストに出る漢字が多すぎて、覚えきれない。
   ② 花に水をやろうとしたら、ちょうど雨が降ってきた。

4. ㋐-ⓑ
   ㋑-ⓒ

5. 満員電車
   地下鉄
   光景
   案内

6. 通勤(つうきん)
   観光(かんこう)
   乗客(じょうきゃく)
   光景(こうけい)
   安全(あんぜん)

3課 何名様ですか

1. ① 必ず
   ② 次々と
   ③ 何となく
   ④ 急速に
   ⑤ 決して

2. ① てはじめて
   ② によって
   ③ を超えて
   ④ づらく

3. ① 将来の悩みは友たちにも話しづらい。
   ② ジョギングは、世代を超えて、みんなが楽しめるスポーツです。

4. ㋐-Ⓐ
   ㋑-ⓒ

5. 確立
   居酒屋
   食事
   複数

6. 女性(じょせい)
   行動(こうどう)
   場(ば)
   年代(ねんだい)
   性別(せいべつ)

4課 そのジェスチャー、どんな意味？

1. ① じゃんけん
   ② ひじ
   ③ 横
   ④ 首
   ⑤ 人差し指

2. ① に関して
   ② ではないだろうか
   ③ たところ
   ④ からといって

3. ① 面接の結果がすぐに来ないからといって、あきらめる必要はない。
   ② 子どもたちには、運動と勉強の(勉強と運動の)バランスが大切(なの)ではないだろうか。

4. ㋐-ⓒ
   ㋑-ⓑ

5. 方法
   発言
   笑顔
   語学学校

6. 様々(さまざま)
   接(せっ)
   目上(めうえ)
   全(まった)
   興味(きょうみ)

5課 何て読むの？

1. ① 好んで
   ② つながって
   ③ 願って
   ④ 異なる
   ⑤ 当てた

2. ① によると
   ② がたい
   ③ かねない
   ④ 得る

3. ① 新聞によると、事故の原因は運転手の居眠り運転だ(運転手の居眠り運転が事故の原因だ)そうだ。
   ② 自分のミスなのに、人の悪口を言うのは、許しがたいことだ。

4 ㋐−Ⓒ
　㋑−Ⓐ
5 形容詞
　法律
　自由
　流行
6 頃(ごろ)
　好(この)
　自然(しぜん)
　本来(ほんらい)
　異(こと)

6課 待ち合わせをしたら…

1 ①ほぼ
　②結局
　③つい
　④もうすぐ
　⑤もちろん
2 ①に応じて
　②たとえ, ても
　③ものだ
　④つつ
3 ①お子さんが今年大学生になるなんて、時間は本当に早いものですね。
　②私の会社では、働いた成果に応じて、ボーナスがもらえる。
4 ㋐−Ⓐ
　㋑−Ⓒ
5 渋滞
　寝坊
　前者
　傾向
6 事故(じこ)
　遅刻(ちこく)
　到着(とうちゃく)
　厳(きび)
　配慮(はいりょ)

7課 私のスタイルじゃないね

1 ①ほっそりしている
　②色々な
　③ずるい
　④不思議な
　⑤豊かで
2 ①を問わず
　②から見ると
　③はずだ
　④ものの
3 ①彼女はアメリカに留学していたので英語が話せるはずだ。
　②1週間の休暇をもらった(休暇を1週間もらった)ものの、お金がないのでどこにも行けない(行くことができない)。
4 ㋐−Ⓐ
　㋑−Ⓑ
5 省略
　不思議
　外来語
　活用
6 世代(せだい)
　通(つう)
　省略(しょうりゃく)
　由来(ゆらい)
　伝(つた)

8課 そろそろ始まりますね

1 ①吸収
　②復興
　③外出
　④共有
　⑤影響
2 ①につれて
　②ものだ
　③どころか
　④せいで
3 ①私のミスのせいで、試合に負けてしまった。
　②学生の頃は、よくカラオケで歌った(カラオケでよく歌った)ものだ。
4 ㋐−Ⓑ
　㋑−Ⓐ
5 災害
　共存
　土砂
　地面
6 空気中(くうきちゅう)
　舞(ま)
　一種(いっしゅ)
　続出(ぞくしゅつ)
　特集(とくしゅう)

9課 世界に食文化を伝えよう

1 ①愛する
　②伝えて
　③選んで
　④もてなす
　⑤守り
2 ①に加えて
　②において
　③次第だ
　④からには
3 ①自分の人生を成功と思うかどうかは、考え方次第だ。
　②新製品の発表に加えて、割引セールを行うことにした。
4 ㋐−Ⓑ
　㋑−Ⓒ
5 現代社会
　栄養
　健康的
　季節
6 伝統的(でんとうてき)
　和食(わしょく)
　四季(しき)
　食器(しょっき)
　作法(さほう)

10課 御社が第一志望です

1. ①スペック
   ②エントリーシート
   ③アピール
   ④スタンダード
   ⑤スーツ

2. ①といっても
   ②に違いない
   ③ばかりか
   ④に従って

3. ①スマートフォンの普及に従って、デジカメの売り上げが減少している。
   ②あの店はいつも人が並んでいるから、きっとおいしいに違いない。

4. ⑦-Ⓑ
   ⑦-Ⓐ

5. 就職活動
   志望
   制度
   履歴書

6. 採用(さいよう)
   将来性(しょうらいせい)
   重視(じゅうし)
   要求(ようきゅう)
   最終面接(さいしゅうめんせつ)

11課 方言は、「めっちゃ」おもしろい！

1. ①むしろ
   ②全然
   ③実際に
   ④きっと
   ⑤例えば

2. ①に基づいて
   ②ことはない
   ③とともに
   ④わりには

3. ①今日の面接のためにいろいろ準備してきたのだから、心配することはない。
   ②あまり勉強しなかったわりには、テストの点数は悪くなかった。

4. ⑦-Ⓐ
   ⑦-Ⓑ

5. 大都市
   共通語
   商品
   地域

6. 縦(たて)
   条件(じょうけん)
   方言(ほうげん)
   違(ちが)
   喜(よろこ)

12課 今しか買えない、ここでしか買えない

1. ①性別
   ②地域
   ③限定
   ④商品
   ⑤光景

2. ①ついでに
   ②に限り
   ③に関わらず
   ④ものなら

3. ①1万円以上お買い上げの方に限り、送料無料で配達します(送料無料で配達いたします)。
   ②彼女は口が軽いので、秘密を話そうものなら、すぐに広まってしまう。

4. ⑦-Ⓐ
   ⑦-Ⓒ

5. 消費者
   武器
   競争
   特産物

6. 地方(ちほう)
   限定商品(げんていしょうひん)
   普段(ふだん)
   特別(とくべつ)
   1箱(ひとはこ)

13課 今日はネットカフェに泊まります

1. ①失って
   ②泊まり
   ③崩れて
   ④占めて
   ⑤集まる

2. ①とたん
   ②わけだ
   ③のみならず
   ④代わりに

3. ①毎日そんなに遅くまで働いていれば、体を壊すわけだ。
   ②先生はベルが鳴ったとたん、教室に入ってくる。

4. ⑦-Ⓑ
   ⑦-Ⓐ

5. 勉強部屋
   満席
   郊外
   保証人

6. 客層(きゃくそう)
   主婦(しゅふ)
   一晩(ひとばん)
   終電(しゅうでん)
   泊(と)

14課 むかしむかし、あるところに…

1. ①身近に
   ②貧しい
   ③悲しい
   ④美しい
   ⑤特徴的だ

2. ①ながら
   ②にもかかわらず
   ③あげく
   ④間に

3 ①彼は失敗を繰り返したあげく、それを友だちのせいにした。
　②子どもが寝ている間に、部屋を掃除しておく（おいた）。

4 ㋐—Ⓐ
　㋑—Ⓒ

5 童話
　親孝行
　感動
　評判

6 憎(にく)
　王子様(おうじさま)
　助(たす)
　幸(しあわ)
　結末(けつまつ)

訪(おとず)
出動(しゅつどう)

15課 ご縁がありますように

1 ①元々は
　②ただの
　③それでも
　④それなりに
　⑤どうせ

2 ①というものではない
　②というものだ
　③ずにはいられない
　④がちだ

3 ①ストレスがたまる仕事（ストレスのたまる仕事）ばかりで、お酒を飲まずにはいられない。
　②車を運転していると、運動不足になりがちだ。

4 ㋐—Ⓑ
　㋑—Ⓒ

5 交通整理
　鉄道
　運勢
　一喜一憂

6 神社(じんじゃ)
　華(はな)
　雰囲気(ふんいき)

3. 색인

단어	뜻	과
あ行		
あいさつ	인사	11과
愛する	사랑하다	3과
アイデア	아이디어	7과
あいにく	공교롭게도	2과
赤ちゃん	아기	5과
上がる	오르다, 올라가다	1과
明らかだ	분명하다	3과
あきらめる	단념하다, 체념하다	4과
悪法	악법	6과
あげる	(예로) 들다	1과
あげる	올리다, 들다	4과
味	맛	1과
アジア	아시아	1과
アスファルト	아스팔트	8과
汗	땀	8과
温める	따뜻하게 하다, 데우다	1과
集める	모으다	12과
当てはまる	꼭 들어맞다, 적합하다	8과
当てる	단지 소리에 맞게 한자를 달다	5과
アナウンス	아나운스, 방송함	2과
アピールする	어필하다	10과
油	기름	1과
あふれる	넘치다	2과
あまりにも	너무나도	1과
謝る	사과하다, 사죄하다	11과
洗い終える	다 씻다	4과
新ただ	새롭다	15과
アラビア語	아라비아어	10과
表す	나타내다	4과
ある	어떤	11과
アレルギー	알레르기	8과
合わせる	맞추다, 맞게 하다	9과
アンケート	앙케트	9과
安全	안전	2과
案内	안내	2과
～位	～위	4과

단어	뜻	과
Eメール	전자우편, 이메일(e-mail)	10과
イエス	예스(yes)	4과
以下	이하	3과
イギリス	영국	7과
生きる	살다, 생존하다	9과
意見	의견	1과
居酒屋	선술집	3과
石	돌	15과
いじめ	괴롭히는 것, 집단 따돌림	5과
いじめる	괴롭히다, 구박하다	14과
急ぐ	서두르다	2과
いちいち	하나하나, 일일이	1과
一因	한 원인	8과
一汁三菜	국 한 가지, 반찬 세 가지로 된 상차림 (일본 식사의 기본적인 식단)	9과
一同	일동	1과
1年の計は元旦にあり	한 해의 계획은 설날에 세움	15과
一喜一憂する	일희일우하다(상황의 변화에 따라 별일 아닌 일에 기뻐하거나 불안해하다)	15과
一種	일종	8과
一生	평생, 일생	12과
一定	일정	13과
一方	한편	1과
一歩まちがう	조금 잘못하다, 자칫 잘못하다 자칫 실수하다	5과
移動する	이동하다	2과
田舎	시골, 고향	2과
居眠り運転	졸음운전	5과
今や	이제는, 이미	3과
岩手	이와테〈지명〉	11과
インターネットカフェ	인터넷 카페	13과
院長	원장	1과
インド	인도	4과
植える	심다	8과
受かる	붙다, 합격하다	5과
受け入れる	받아들이다	5과
受け取る	받다, 수취하다	1과

受ける（う）	받다	4과
失う（うしな）	잃다, 잃어버리다	13과
うそ	거짓말	5과
疑い（うたが）	의심, 혐의	8과
打ち合わせ（うあ）	모임	13과
うっかり	깜빡, 무심코	6과
美しさ（うつく）	아름다움	9과
移る（うつ）	옮기다, 이동하다	1과
生まれる（う）	태어나다	5과
占い（うらな）	점, 점쟁이	15과
占う（うらな）	점치다	15과
売り上げ（うあ）	매상	10과
売り場（うば）	판매장, 매장	12과
運勢（うんせい）	운세	15과
運転手（うんてんしゅ）	운전수	5과
運動不足（うんどうぶそく）	운동 부족	15과
英会話スクール（えいかいわ）	영어 학원	13과
栄養（えいよう）	영양	9과
笑顔（えがお）	웃는 얼굴	4과
エクスチェンジ	언어 교환(익스체인지)	13과
エッセイ	에세이, 수필	3과
絵本（えほん）	그림책	14과
絵馬（えま）	에마(신사나 절에 소원이나 감사의 말을 적는 나무 판)	15과
選ぶ（えら）	고르다, 선택하다	9과
得る（え）	얻다	10과
LDK	거실, 식사공간, 부엌	13과
遠足（えんそく）	소풍	9과
～円玉（えんだま）	~엔 동전	15과
エントリーシート	엔트리시트(입사지원서)	10과
お祈り（いの）	기도, 기원	15과
王様（おうさま）	임금님, 왕	14과
王子様（おうじさま）	왕자님	14과
王女（おうじょ）	왕비, 공주	14과
欧米（おうべい）	구미, 유럽과 미국	1과
応募する（おうぼ）	응모하다	12과
おおきに	고맙다〈오사카 사투리〉	11과
お買い上げ（かあ）	매상	12과
大さじ（おお）	큰 숟가락	1과
大空（おおぞら）	넓은 하늘, 창공	5과
大雪（おおゆき）	대설	2과
おかず	반찬	9과
お客様（きゃくさま）	손님	1과
置く（お）	놓다, 두다	1과
遅れる（おく）	늦다, 늦어지다	6과
お小遣い（こづか）	용돈	9과
行う（おこな）	거행하다, 실시하다	6과
起こる（お）	일어나다, 발생하다	15과
おさいせん	시줏돈	15과
お皿（さら）	접시	4과
おしまいなあれ	안녕하세요〈시가 및 나라 사투리〉	11과
おせち料理（りょうり）	세찬, 설음식	9과
お供えする（そな）	제물을 올리다	15과
教わる（おそ）	배우다	4과
お互い（たが）	서로	6과
落ちる（お）	떨어지다	15과
お年寄り（としよ）	노인	7과
落とす（お）	떨어뜨리다	14과
訪れる（おとず）	방문하다	15과
大人（おとな）	어른, 성인	15과
踊る（おど）	춤추다	12과
衰える（おとろ）	쇠약하다, 쇠퇴하다	11과
驚く（おどろ）	놀라다	6과
お腹が空く（なかす）	배가 고프다	7과
おにぎり	주먹밥	1과
おばんです	안녕하세요〈홋카이도 및 동북지방 사투리〉	11과
おひとりさま	혼자, 한 분	3과
お姫様（ひめさま）	공주님	14과
オフィス街（がい）	오피스 거리, 도심	10과
お参りする（まい）	참배하다	15과
おまけ	덤	12과
お待ち（ま）	기다림	1과
思い浮かべる（おもう）	떠올리다	1과
重さ（おも）	무게	1과
おもてなし	대접, 환대	1과
主に（おも）	주로	8과
親（おや）	부모님	5과

親孝行 おやこうこう	효도	14과
御社 おんしゃ	귀사	10과
音声 おんせい	음성	2과

か行

カード	카드	1과
会員 かいいん	회원	13과
解禁日 かいきんび	해금일, 금지령이 풀리는 날	10과
解決する かいけつ	해결하다	6과
外見 がいけん	외견, 겉보기	7과
会社説明会 かいしゃせつめいかい	회사 설명회	10과
会場 かいじょう	회장, 공연장	2과
外食 がいしょく	외식	8과
会席料理 かいせきりょうり	회석요리 (연회를 위한 고급 요리)	9과
ガイド	가이드	2과
解答 かいとう	해답	7과
開発 かいはつ	개발	8과
海抜 かいばつ	해발	12과
外来語 がいらいご	외래어	5과
飼う か	기르다	13과
カウンター	카운터	1과
変える か	바꾸다	6과
顔をする かお	얼굴을 하다, 표정을 짓다	3과
欠かす か	빠뜨리다, 빼다	2과
輝く かがや	빛나다, 번쩍이다	14과
かかる	걸리다	2과
限る かぎ	제한하다, 한정하다	13과
格差社会 かくさしゃかい	격차사회	13과
学生時代 がくせいじだい	학창시절	1과
格段に かくだん	현격히	3과
学年 がくねん	학년	10과
各別 かくべつ	각별, 각각	10과
かぐや姫 ひめ	가구야히메	14과
確立する かくりつ	확립하다	3과
学歴 がくれき	학력	10과
隠れる かく	숨다	1과
かけこみ乗車 じょうしゃ	무리한 승차(승차 다이빙)	2과
かける	(말을) 걸다	2과
翔ける か	(하늘 높이) 날다, 비상하다	5과
加工する かこう	가공하다	12과
鹿児島 かごしま	가고시마〈지명〉	11과
火山 かざん	화산	12과
(お)菓子 かし	과자	1과
歌手 かしゅ	가수	14과
風 かぜ	바람	9과
風邪をひく かぜ	감기에 걸리다	2과
稼ぐ かせ	(돈, 시간 등을) 벌다	9과
数える かぞ	세다, 헤아리다	2과
ガソリンスタンド	주유소	1과
～型 がた	～형	1과
課長 かちょう	과장	7과
がっかりする	실망하다	4과
学期 がっき	학기	10과
カッコ悪い わる	꼴사납다, 멋이 없다	11과
カップラーメン	컵라면	1과
活用する かつよう	활용하다	7과
かに	게	12과
株式会社 かぶしきがいしゃ	주식회사	10과
花粉 かふん	꽃가루	8과
花粉症 かふんしょう	화분증, 꽃가루 알레르기	8과
鎌倉 かまくら	가마쿠라〈지명〉	11과
神様 かみさま	신의 높임말	15과
かゆい	가렵다	8과
カラー	컬러	12과
カラオケ	노래방, 가라오케	3과
ガラス	유리	7과
交わす か	주고받다, 교환하다	8과
～缶 かん	～캔, ～통	1과
ガン	암	4과
環境 かんきょう	환경	2과
観光 かんこう	관광	2과
観光客 かんこうきゃく	관광객	8과
感謝 かんしゃ	감사	14과
観測する かんそく	관측하다	9과
感動する かんどう	감동하다	11과
関東地方 かんとうちほう	간토지방(관동지방)	7과
カンニング	커닝	7과
頑張る がんば	열심히 하다, 분발하다	11과

完璧だ（かんぺきだ）	완벽하다	3과
気温（きおん）	기온	2과
機械（きかい）	기계	1과
機会（きかい）	기회	9과
気がする（き）	생각이 들다, 느낌이 들다	7과
気がつく（き）	깨닫다	2과
気軽だ（きがるだ）	가볍다	7과
期間（きかん）	기간	12과
企業（きぎょう）	기업	10과
犠牲（ぎせい）	희생	14과
規則（きそく）	규칙	9과
北（きた）	북, 북쪽	12과
期待する（きたい）	기대하다	6과
きちんと	정확히, 깔끔히	9과
喫茶店（きっさてん）	커피숍, 다방	3과
気にする（き）	마음에 두다, 걱정하다	15과
気になる（き）	걱정되다	3과
記入する（きにゅう）	기입하다	10과
厳しい（きび）	엄하다, 엄격하다	6과
寄付（きふ）	기부	2과
岐阜（ぎふ）	기후〈지명〉	11과
希望（きぼう）	희망	10과
基本（きほん）	기본	9과
決まる（き）	정하다, 결정하다	5과
君（きみ）	그대, 자네, 너	11과
キムジャン	김장	9과
キムチ	김치	9과
気持ちをつかむ（きも）	마음을 잡다	12과
逆（ぎゃく）	역, 반대	8과
客層（きゃくそう）	고객층	13과
キャラメル	캐러멜	12과
休暇（きゅうか）	휴가	7과
休学する（きゅうがく）	휴학하다	14과
吸収する（きゅうしゅう）	흡수하다	8과
急速に（きゅうそく）	급속히	3과
急に（きゅう）	갑자기	13과
教育（きょういく）	교육	7과
行事（ぎょうじ）	행사	9과
競争（きょうそう）	경쟁	12과
共存（きょうぞん）	공존	8과
共通語（きょうつうご）	공통어	11과
共通点（きょうつうてん）	공통점	14과
京都（きょうと）	교토〈지명〉	11과
興味深い（きょうみぶか）	매우 흥미롭다	4과
曲（きょく）	곡	3과
気楽だ（きらくだ）	마음이 편하다	1과
切る（き）	(수분 등을) 빼다	1과
金額（きんがく）	금액	6과
禁止（きんし）	금지	7과
緊張（きんちょう）	긴장	15과
近年（きんねん）	근년, 근래	15과
区（く）	구	12과
くしゃみ	재채기	8과
崩れる（くず）	무너지다, 붕괴되다	13과
口が軽い（くちかる）	입이 가볍다	12과
靴（くつ）	신발, 구두	3과
ぐっと	한층, 훨씬	2과
首（くび）	목	4과
組む（く）	짜다, 편성하다	8과
比べる（くら）	비교하다	14과
クリーニング屋（や）	세탁소	12과
繰り返す（くかえ）	되풀이하다, 반복하다	14과
苦しめる（くる）	괴롭히다, 피곤하게 하다	14과
苦労（くろう）	노고, 고생	14과
加える（くわ）	더하다, 가하다	9과
詳しい（くわ）	정통하다, 자세하다, 상세하다	13과
計画（けいかく）	계획	11과
警官（けいかん）	경관	15과
経験（けいけん）	경험	10과
傾向（けいこう）	경향	6과
形式（けいしき）	형식	10과
携帯（けいたい）	휴대	10과
契約社員（けいやくしゃいん）	계약사원	13과
形容詞（けいようし）	형용사	5과
ゲーム	게임	6과
化粧品（けしょうひん）	화장품	12과
結果（けっか）	결과	4과
結局（けっきょく）	결국	6과

結婚式 けっこんしき	결혼식	1과
決して けっして	결코	3과
決断 けつだん	결단	4과
決定する けっていする	결정하다	9과
結末 けつまつ	결말	14과
原因 げんいん	원인	5과
研究 けんきゅう	연구	11과
現金 げんきん	현금	1과
健康的だ けんこうてき	건강적이다	9과
現在 げんざい	현재	10과
現実 げんじつ	현실	12과
現住所 げんじゅうしょ	현주소	10과
減少する げんしょう	감소하다	10과
建設 けんせつ	건설	11과
現代社会 げんだいしゃかい	현대사회	9과
限定 げんてい	한정	12과
個 こ	한 사람, 하나의 물건, 개인	3과
コインランドリー	동전식 세탁기	13과
郊外 こうがい	교외	13과
高級だ こうきゅう	고급스럽다	9과
光景 こうけい	광경	2과
後者 こうしゃ	후자	6과
交通整理 こうつうせいり	교통 정리	15과
高等学校 こうとうがっこう	고등학교	10과
行動する こうどうする	행동하다	3과
幸福 こうふく	행복	15과
項目 こうもく	항목	3과
声 こえ	(목)소리	3과
超える こえる	초월하다, 뛰어넘다	3과
ご縁 えん	인연, 연분	15과
コート	코트	2과
珈琲 コーヒー	커피	5과
コーヒーショップ	커피숍	3과
語学学校 ごがくがっこう	어학 학교	4과
国内 こくない	국내	13과
心を込める こころ こ	마음을 담다	2과
心がけ こころ	마음가짐	9과
個室 こしつ	독실, 독방, 개인용 방	13과
個性的だ こせいてき	개성적이다	5과
答える こた	대답하다	3과
国境 こっきょう	국경	3과
異なる こと	다르다	5과
~ごとに	~마다	4과
言葉遣い ことばづか	말씨, 말투	4과
断る ことわ	거절하다, 거부하다	14과
この頃 ごろ	요즘, 최근	1과
好み この	기호, 취미	7과
好む この	좋아하다, 선호하다	5과
拳 こぶし	주먹	4과
細かい こま	세심하다	1과
困る こま	곤란하다, 난처하다	1과
ゴミ	쓰레기	9과
コミュニケーション	커뮤니케이션, 의사소통	4과
混む こ	붐비다	7과
米 こめ	쌀	9과
コリアンタイム	코리아타임	6과
殺す ころ	죽이다	14과
壊す こわ	부수다, 파괴하다	5과
紺 こん	감색	10과
コンクリート	콘크리트	8과
コンサート	콘서트	2과
コンジパッチ	콩쥐팥쥐	14과
困難 こんなん	곤란, 어려움	10과
コンビニエンスストア	편의점	7과

さ行

サービス	서비스	1과
際 さい	때, 즈음	2과
~歳 さい	~세, ~살	2과
再会する さいかい	재회하다	14과
災害 さいがい	재해	8과
最終電車 さいしゅうでんしゃ	마지막 전철	2과
埼玉 さいたま	사이타마〈지명〉	11과
財布 さいふ	지갑	2과
採用する さいよう	채용하다	7과
サウナ	사우나	9과
~さえ	~조차	10과
下がる さ	내리다, 내려가다	2과

作品(さくひん)	작품	14과
桜(さくら)	벚꽃	1과
サッカー	축구	2과
殺人(さつじん)	살인	5과
サビオ	반창고〈홋카이도 사투리〉	11과
サプリメント	서플리먼트, 보충(제)	8과
作法(さほう)	예의범절, 법식	9과
様々だ(さまざまだ)	다양하다, 여러 가지다	3과
左右する(さゆうする)	좌우하다	5과
サラサラ	끈적끈적하지 않은 모양	8과
さらに	또한, 그 위에	2과
サラリーマン	샐러리맨, 회사원	13과
参加(さんか)	참가	3과
さんざん	몹시, 아주	14과
残酷だ(ざんこくだ)	잔혹하다, 잔인하다	4과
～時(じ)	～시, ～할 때	8과
試合(しあい)	시합	8과
幸せ(しあわせ)	행복	2과
CM	CM, CF, 커머셜, 전파 매체용 광고	11과
シール	실, 스티커, 운송장	1과
ジェスチャー	제스처, 몸짓, 손짓	4과
塩(しお)	소금	1과
滋賀(しが)	시가〈지명〉	11과
仕方ない(しかたない)	어쩔 수 없다	6과
時期(じき)	시기	10과
茂る(しげる)	우거지다, 무성해지다	5과
事件(じけん)	사건	4과
指示(しじ)	지시	10과
事実(じじつ)	사실	9과
事情(じじょう)	사정	13과
自信(じしん)	자신	4과
地震(じしん)	지진	8과
システム	시스템	7과
沈む(しずむ)	가라앉다, 지다	12과
次世代(じせだい)	차세대	5과
自然(しぜん)	자연	5과
時代(じだい)	시대	3과
しっかりする	견실하다, 확고하다	14과
実際に(じっさいに)	실제로	11과
実施する(じっしする)	실시하다	9과
湿度(しつど)	습도	13과
実に(じつに)	실로, 참으로	1과
質問(しつもん)	질문	3과
実話(じつわ)	실화	11과
島(しま)	섬	12과
しまった	아차, 아뿔사	6과
島根(しまね)	시마네〈지명〉	11과
閉まる(しまる)	닫히다	2과
沈清伝(シムチョンジョン)	심청전	14과
氏名(しめい)	성명	10과
閉める(しめる)	닫다	2과
占める(しめる)	차지하다	13과
地面(じめん)	지면	8과
車掌(しゃしょう)(さん)	차장	2과
じゃんけん	가위바위보	4과
周囲(しゅうい)	주위	14과
収穫(しゅうかく)	수확	5과
就活(就職活動)(しゅうかつ/しゅうしょくかつどう)	취업 활동, 구직 활동	10과
習慣化する(しゅうかんかする)	관습화하다	15과
就職する(しゅうしょくする)	취업하다, 취직하다	3과
重視する(じゅうしする)	중시하다	10과
充実ぶり(じゅうじつぶり)	충실한 모습, 충실한 모양	13과
収入(しゅうにゅう)	수입	13과
自由だ(じゆうだ)	자유롭다	5과
渋滞(じゅうたい)	정체	6과
出張中(しゅっちょうちゅう)	출장 중	7과
終電(しゅうでん)	마지막 전철	13과
宿泊(しゅくはく)	숙박	13과
趣向(しゅこう)	취향	7과
主菜(しゅさい)	주가 되는 반찬	9과
主人公(しゅじんこう)	주인공	14과
出場する(しゅつじょうする)	출장하다, 출전하다	4과
出世(しゅっせ)	출세	13과
出動する(しゅつどうする)	출동하다	15과
首都(しゅと)	수도	12과
主婦(しゅふ)	주부	13과
寿命(じゅみょう)	수명	2과
種類(しゅるい)	종류	1과

順番	순서	4과
小 (しょう)	소, 작음	1과
正月 (しょうがつ)	정월, 설날	15과
乗客 (じょうきゃく)	승객	2과
状況 (じょうきょう)	상황	6과
証言 (しょうげん)	증언	3과
条件 (じょうけん)	조건	11과
少子化 (しょうしか)	출생률이 저하하여 어린이의 숫자가 계속 감소하는 것	3과
少々 (しょうしょう)	조금	1과
症状 (しょうじょう)	증상	3과
生じる (しょう)	일어나다, 생기다	3과
小説 (しょうせつ)	소설	3과
小説家 (しょうせつか)	소설가	14과
消費者 (しょうひしゃ)	소비자	12과
商品名 (しょうひんめい)	상품명	12과
情報 (じょうほう)	정보	8과
しょうゆ	간장	1과
将来性 (しょうらいせい)	장래성	10과
使用率 (しようりつ)	사용률	8과
将来 (しょうらい)	장래	9과
省略する (しょうりゃく)	생략하다	7과
昭和 (しょうわ)	쇼와(1926년 12월 25일부터 1989년 1월 7일까지의 일본의 연호)	5과
食生活 (しょくせいかつ)	식생활	8과
職場 (しょくば)	직장	13과
食文化 (しょくぶんか)	음식 문화	9과
職歴 (しょくれき)	직력, 직업 경력	10과
食器 (しょっき)	식기	9과
女優 (じょゆう)	여배우	14과
知らせる (し)	알리다	4과
白雪姫 (しらゆきひめ)	백설공주	14과
しりとり	끝말잇기	7과
進学する (しんがく)	진학하다	6과
新幹線 (しんかんせん)	신칸센	7과
真実 (しんじつ)	진실	3과
新宿 (しんじゅく)	신주쿠〈지명〉	2과
信じる (しん)	믿다	5과
人生 (じんせい)	인생	5과
新製品 (しんせいひん)	신제품	9과
新卒一括採用制度 (しんそついっかつさいようせいど)	기업이 졸업 예정인 학생을 대상으로 입사시험을 실시, 내정하여 졸업한 다음 달부터 근무시키는 제도	10과
シンデレラ	신데렐라	14과
新入社員 (しんにゅうしゃいん)	신입사원	10과
新年 (しんねん)	신년	15과
進路 (しんろ)	진로	10과
スイーツ	단 과자나 디저트	1과
水族館 (すいぞくかん)	수족관	3과
数字 (すうじ)	숫자	4과
数日 (すうじつ)	수일(2~3일에서 5~6일 정도)	13과
スーパー	슈퍼마켓	8과
すえ	끝, 마지막	14과
姿 (すがた)	모습	2과
すぎ	삼나무	8과
過ごす (す)	보내다, 지내다	2과
進む (すす)	진행되다	8과
スタイル	스타일	7과
スタッフ	스태프, 담당자	1과
スタンダードだ	표준이다, 평범하다	10과
頭痛 (ずつう)	두통	8과
すっかり	죄다, 모두, 아주	15과
素敵だ (すてき)	멋지다	2과
すでに	이미, 벌써	7과
捨てる (す)	버리다	9과
ストーリー	스토리, 이야기	14과
ストップ	스톱(stop)	7과
ストレス	스트레스	3과
ストロー	빨대	1과
スナック	스낵, 과자	12과
スピーチ	스피치	4과
スペース	스페이스, 공간, 장소	13과
スペック	스펙	10과
ずるい	교활하다	7과
成果 (せいか)	성과	6과
正解 (せいかい)	정답	12과
性格 (せいかく)	성격	6과
正式だ (せいしき)	정식이다	10과

成績 せいせき	성적	8과
ぜいたく	사치	15과
成長する せいちょう	성장하다	8과
性別 せいべつ	성별	3과
西洋 せいよう	서양	7과
セール	세일, 판매	9과
セールストーク	세일즈 토크	12과
世界遺産 せかいいさん	세계 유산	9과
世代 せだい	세대	3과
世代 せだい	세대	7과
石けん せっ	비누	1과
接触する せっしょく	접촉하다	10과
接する せっ	만나다, 접대하다	4과
絶対 ぜったい	절대, 절대로	9과
セミナー	세미나	13과
セルフ	셀프(self)	1과
セルフチェック	자가진단(self check)	8과
戦後 せんご	전후, 세계 2차 대전 후	8과
前者 ぜんしゃ	전자	6과
戦争 せんそう	전쟁	8과
専門家 せんもんか	전문가	5과
専門店 せんもんてん	전문점	3과
専用 せんよう	전용	13과
戦略 せんりゃく	전략	15과
掃除する そうじ	청소하다	1과
早朝 そうちょう	이른 아침, 조조	2과
そうは言っても いい	그렇다고 해도	3과
送料無料 そうりょうむりょう	운송료 무료	12과
続出する ぞくしゅつ	속출하다	8과
外 そと	밖	2과
その場限り ばかぎ	그때뿐	15과
それなりに	그런대로	15과
それほど	그렇게, 그다지	15과

た行

～代 だい	～비, ～대금	13과
～代 だい	～대	13과
第一志望 だいいちしぼう	제1지망	10과
退院する たいいん	퇴원	1과

大会 たいかい	대회	4과
退社 たいしゃ	퇴사	10과
たいてい	대개	1과
大都市 だいとし	대도시	11과
大半 たいはん	대부분	1과
大量 たいりょう	대량	8과
宅配便 たくはいびん	택배	1과
竹 たけ	대나무	14과
～だけ	~뿐, ~만	1과
～だけ	~정도, ~만큼	13과
たこやき	다코야키	12과
助ける たす	돕다, 도와주다	14과
ただ	단지	11과
ただ	보통, 예사, 그냥	15과
戦う たたか	싸우다	12과
立場 たちば	입장	4과
経つ た	(시간, 때가) 지나다, 경과하다	8과
たった	겨우, 단지	13과
縦 たて	세로	4과
楽しむ たの	즐기다	3과
たまる	모이다	15과
単語 たんご	단어	7과
男女 だんじょ	남녀	7과
誕生する たんじょう	탄생하다	3과
だんだん	고맙다〈시마네 사투리〉	11과
地域 ちいき	지역	8과
地域別 ちいきべつ	지역별	11과
小さな ちい	작은	1과
チーム	팀	8과
違う ちが	다르다, 틀리다	1과
近づく ちか	접근하다, 다가가다	11과
力を入れる ちからい	힘을 쏟다	11과
築～ ちく	(연도를 나타내는 말에 붙어) 건축하고 나서 ~년됨	13과
遅刻 ちこく	지각	6과
地上 ちじょう	지상	2과
チャンス	찬스	11과
中旬 ちゅうじゅん	중순	8과
中心 ちゅうしん	중심	1과

注目する	주목하다	2과
昼夜	주야(낮과 밤)	7과
長音	장음	7과
調査	조사	9과
長所	장점	10과
挑戦する	도전하다	3과
直前	직전	6과
ちょっとした	평범한, 대수롭지 않은	12과
地理的だ	지리적이다	11과
つい	그만, 무심코	6과
通学	통학	2과
通勤	통근	2과
通じる	통하다	4과
月	달, 월	13과
次々と	계속해서, 연이어	3과
つく	붙다, 딸리다	1과
つける	붙이다	1과
つける	(이름을) 짓다, 붙이다	5과
告げる	고하다, 알리다	14과
伝える	전하다, 알리다	5과
伝わる	전해지다, 전달되다	7과
続ける	계속하다	5과
勤める	근무하다	13과
ツナ	다랑어, 참치	1과
つながる	이어지다, 연결되다	5과
ツナ缶	참치캔	1과
つまり	결국, 요컨대	11과
つまる	막히다	8과
出会う	(우연히) 만나다	14과
提案する	제안하다	7과
定着する	정착하다	15과
程度	정도	13과
丁寧だ	정중하다	2과
定年	정년	13과
低迷	저미, 향상이 여의치 않음	13과
適量	적량, 적당량	1과
手順	순서	11과
手作り	손수 만듦, 수제	9과
鉄道会社	철도회사	15과

手のひら	손바닥	1과
手間がかかる	손이 많이 가다, 품(시간)이 많이 들다	9과
テレビジョン	텔레비전	7과
天候	기후, 날씨	12과
電子レンジ	전자레인지	1과
点数	점수	11과
電池	건전지	1과
伝統的だ	전통적이다	9과
店内	점내, 가게 안	12과
問い合わせる	문의하다, 조회하다	4과
問う	묻다, 질문하다	10과
冬季	동계	12과
当時	당시	5과
同時に	동시에	6과
同上	동상, 상동, 위에 적힌 사실과 같음	10과
どうせ	어차피, 하여간	15과
到着する	도착하다	6과
動物園	동물원	3과
東北	도호쿠(동북지방)	2과
透明	투명	8과
どうも	아무래도	12과
どうりで	그 때문에, 어쩐지	10과
道路	도로	7과
登録する	등록하다	9과
童話	동화	14과
～通り	~대로	12과
都会	도회지, 도시	13과
毒	독	14과
得意だ	잘하다	2과
特産物	특산물	12과
独自	독자	9과
特集	특집	8과
独身	독신	8과
特徴	특징	9과
特徴的だ	특징적이다	14과
特別だ	특별하다	12과
所	곳, 장소	3과
ところが	그런데, 그러나	6과

土砂崩れ(どしゃくずれ)	토사 붕괴, 산사태	8과
年をとる(とし)	나이를 먹다	11과
届く(とど)	도착하다	2과
飛び続ける(とつづ)	계속 흩날리다	8과
飛ぶ(と)	흩날리다, 날다	8과
止まる(と)	멈추다	8과
泊まる(と)	묵다, 숙박하다	13과
止める(と)	멈추다, 세우다	4과
～とも	～ 모두	6과
取り上げる(と あ)	거론하다, 채택하다	3과
努力(どりょく)	노력	5과
ドリンク	드링크제, 청량 음료수	13과
取る(と)	잡다, 집다	1과
捕る(と)	잡다	8과
採る(と)	뽑다, 채용하다	10과
泥棒(どろぼう)	도둑	14과
どんどん	점점	9과

な行

内外(ないがい)	내외	7과
内緒(ないしょ)	몰래 함, 비밀	7과
内定(ないてい)	내정	10과
ナイトパック	야간 패키지 요금	13과
内々定(ないないてい)	취직을 희망하는 신규졸업자에 대해서 기업이 내는 비공식 채용 예정 통지	10과
治る(なお)	낫다, 치료되다	15과
流す(なが)	흘리다, 흐르게 하다	8과
なかなか	좀처럼	9과
仲間(なかま)	동료, 무리	11과
長め(なが)	조금 김	6과
仲良く(なかよ)	사이좋게	9과
流れる(なが)	흐르다	2과
投げる(な)	던지다	15과
何もかも(なに)	무엇이든, 모두	14과
なまら	아주, 몹시, 매우 〈홋카이도 사투리〉	11과
悩み(なや)	고민	3과
悩む(なや)	괴로워하다, 고민하다	10과
奈良(なら)	나라〈지명〉	11과

並ぶ(なら)	늘어서다, 진열되다	1과
鳴る(な)	울리다, 소리가 나다	13과
なんだか	왜 그런지, 어쩐지	7과
何て(なん)	뭐라고	5과
何となく(なん)	왠지 모르게, 어쩐지	3과
何名様(なんめいさま)	몇 분	3과
新潟(にいがた)	니가타〈지명〉	11과
苦手だ(にがて)	서투르다, 잘하지 못하다	9과
握る(にぎ)	쥐다, 잡다	1과
憎む(にく)	미워하다, 증오하다	14과
逃げる(に)	도망치다, 달아나다	12과
日韓(にっかん)	일본과 한국	7과
日中(にっちゅう)	주간, 낮	13과
二度と(にど)	두 번 다시	12과
入社する(にゅうしゃ)	입사하다	10과
入場料(にゅうじょうりょう)	입장료	12과
入力する(にゅうりょく)	입력하다	1과
人魚姫(にんぎょひめ)	인어공주	14과
ネイルサロン	네일살롱, 네일샵	13과
願い(ねが)	바람, 소원	5과
願い事(ねが ごと)	바라는 일	15과
熱(ねつ)	열	8과
熱中症(ねっちゅうしょう)	일사병	2과
ネットカフェ	인터넷 카페	13과
ネットカフェ難民(なんみん)	인터넷 카페 난민	13과
寝泊まりする(ねと)	숙박하다, 머물다	13과
寝坊する(ねぼう)	늦잠 자다	6과
～年代(ねんだい)	～년대	3과
年中行事(ねんちゅうぎょうじ)	연중행사	15과
年齢(ねんれい)	연령	3과
ノー	노(no)	4과
逃す(のが)	놓치다	12과
のせる	위에 얹다, 놓다	1과
伸ばす(の)	펴다, 늘이다	4과
のり	김	1과
乗り換え(の か)	갈아탐, 환승	2과
乗り越える(の こ)	극복하다, 타고 넘다	10과

は行

場(ば)	장소, 곳	1과
パー	(가위바위보의) 보	4과
バイキング	바이킹, 뷔페	3과
配達する(はいたつ)	배달하다	12과
配慮する(はいりょ)	배려하다	6과
～ばかり	～정도	13과
測る(はか)	재다, 측정하다	1과
激しい(はげ)	세차다	9과
～箱(はこ)	～상자	12과
(お)はし	젓가락	1과
走り回る(はし まわ)	뛰어다니다	10과
走る(はし)	달리다	2과
恥ずかしい(は)	부끄럽다	3과
恥ずかしがる(は)	부끄럽게 여기다	11과
外す(はず)	떼다, 벗기다	8과
バスツアー	버스 투어	3과
働き始める(はたら はじ)	일하기 시작하다	10과
働く(はたら)	일하다	2과
バッグ	백, 가방	1과
発言する(はつげん)	발언하다	4과
発展(はってん)	발전	8과
発売する(はつばい)	발매하다	12과
ハッピーエンド	해피엔드	14과
初詣(はつもうで)	정월의 첫 참배	15과
初雪(はつゆき)	첫눈	9과
話しかける(はな)	이야기(말)를 걸다	11과
花束(はなたば)	꽃다발	6과
鼻水(はなみず)	콧물	8과
華やかだ(はな)	화려하다, 화사하다	15과
幅が広い(はば ひろ)	폭이 넓다	9과
場面(ばめん)	장면	4과
速い(はや)	(동작·속도가) 빠르다	15과
早寝早起き(はやねはやお)	일찍 자고 일찍 일어남	6과
はやり出す(だ)	유행하기 시작하다	3과
ばらばらだ	뿔뿔이다, 제각각이다	10과
バランス	밸런스, 균형	4과
貼る(は)	붙이다	1과
バレンタインデー	발렌타인데이	15과
犯罪(はんざい)	범죄	5과
ばんそうこう	반창고	11과
半年(はんとし)	반년	10과
販売する(はんばい)	판매하다	12과
被害(ひがい)	피해	8과
比較する(ひかく)	비교하다	4과
ひかれる	(마음 등이) 끌리다	12과
～匹(ひき)	～마리	13과
引き起こす(ひ お)	일으키다, 발생시키다	8과
引く(ひ)	뽑다	15과
非公式(ひこうしき)	비공식	10과
ひじ	팔꿈치	4과
非正規雇用者(ひせいきこようしゃ)	비정규고용자	13과
左(ひだり)	왼쪽	2과
引っ越す(ひ こ)	이사하다	11과
筆者(ひっしゃ)	필자	9과
必要(ひつよう)	필요	4과
ひどい	심하다	5과
一言(ひとこと)	한마디	2과
人差し指(ひとさ ゆび)	집게손가락	4과
一晩(ひとばん)	하룻밤	13과
ひのき	노송나무	8과
ひまわり	해바라기	14과
秘密(ひみつ)	비밀	12과
姫(ひめ)	아가씨, 공주	14과
表現(ひょうげん)	표현	2과
標準語(ひょうじゅんご)	표준어	11과
評判(ひょうばん)	평판	14과
開く(ひら)	펴다	4과
開く(ひら)	열다, 개최하다	10과
広がる(ひろ)	퍼지다	3과
広島(ひろしま)	히로시마〈지명〉	11과
広まる(ひろ)	퍼지다	8과
品質(ひんしつ)	품질	14과
ヒント	힌트	12과
ファイト	파이트(fight), 파이팅	7과
ファストフード店(てん)	패스트푸드점	3과
風物詩(ふうぶつし)	풍물시(그 계절을 대표하는 물건이나 행사)	9과

増える（ふえる）	늘다	2과
武器（ぶき）	무기	12과
普及（ふきゅう）	보급	10과
吹く（ふく）	불다	11과
福（ふく）	복	15과
副菜（ふくさい）	주된 반찬과 함께 제공되는 채소 절임 같은 것	9과
副社長（ふくしゃちょう）	부사장	13과
複数（ふくすう）	복수, 여럿	3과
不幸だ（ふこうだ）	불행하다	14과
不公平だ（ふこうへいだ）	불공평하다	15과
不思議だ（ふしぎだ）	불가사의하다, 이상하다	7과
無事に（ぶじに）	무사히	1과
防ぐ（ふせぐ）	막다	8과
舞台（ぶたい）	무대	14과
普段（ふだん）	항상, 평상시, 평소	12과
ぶち	아주, 몹시〈히로시마 사투리〉	11과
普通（ふつう）	보통	11과
ぶつかる	부딪치다, 부닥치다	10과
復興（ふっこう）	부흥	8과
舞踏会（ぶとうかい）	무도회	14과
不動産屋さん（ふどうさんやさん）	부동산 중개업(자)	13과
部分（ぶぶん）	부분	14과
振り返す（ふりかえす）	되돌려 흔들다	2과
振り返る（ふりかえる）	되돌아보다, 회고하다	10과
ふりがな	한자 위에 읽는 법을 단 것	10과
プリクラ	스티커 사진	3과
プリン	푸딩	1과
振る（ふる）	흔들다	2과
ふるさと	고향	7과
触れる（ふれる）	접촉하다, 느끼다	11과
風呂（ふろ）	목욕, 목욕탕	9과
フロア	(빌딩의) 층	13과
プロポーズ	프로포즈	14과
～分（ぶん）	～분, 분량	9과
雰囲気（ふんいき）	분위기	15과
文具（ぶんぐ）	문구	1과
平気だ（へいきだ）	아무렇지도 않다, 편안하다	3과
平均（へいきん）	평균	2과
平日（へいじつ）	평일	2과
平成（へいせい）	헤세(현재의 일본 연호)	10과
減る（へる）	줄다	2과
ベル	벨, 종	13과
返事（へんじ）	답변	4과
弁当（べんとう）	도시락	1과
母音（ぼいん）	모음	7과
法（ほう）	법	6과
棒（ぼう）	몽둥이, 막대기	15과
方言（ほうげん）	방언	11과
方式（ほうしき）	방식	1과
宝石（ほうせき）	보석	15과
～放題（ほうだい）	～을 마음대로 함	13과
方法（ほうほう）	방법	4과
法律（ほうりつ）	법률	5과
ボーナス	보너스	6과
ホーム	플랫폼	2과
ボク	너(보통 1인칭 남자를 나타내지만, 어른이 모르는 남자아이에게 말 걸 때의 호칭으로도 사용)	5과
保証する（ほしょうする）	보증하다	13과
保証人（ほしょうにん）	보증인	13과
ほっそり	홀쭉한 모습, 호리호리	7과
ほど	정도, 만큼	2과
ほとんど	대부분, 거의	7과
ほぼ	거의	6과
本日（ほんじつ）	금일, 오늘	9과
本人（ほんにん）	본인	10과
ほんの	그저, 아주, 겨우	4과
本来（ほんらい）	본래, 원래	5과

ま行

マーケティング	마케팅	15과
毎晩（まいばん）	매일 밤	1과
舞う（まう）	떠돌다, 흩날리다	8과
巻く（まく）	감다, 말다	1과
負け（まけ）	짐, 패배	7과
マスク	마스크	8과
貧しい（まずしい）	가난하다	5과
ますます	점점, 더욱 더	8과

混ぜる	넣어 섞다, 혼합하다	1과
また	또한, 게다가	1과
街	거리	8과
待ち合わせ	(시간과 장소를 정해서) 만나기로 함	6과
間違う	잘못되다, 틀리다	5과
待ち人来たらず	기다리는 사람은 오지 않음 (연애운)	15과
末	말	10과
真っ赤だ	새빨갛다	8과
まっすぐ	똑바로, 곧장	4과
全く	전혀, 완전히	4과
まとめる	정리하다	10과
マナー	매너	9과
間に合う	제 시간에 맞추다	13과
魔法	마법	14과
魔法使い	마법사	14과
継母	계모, 의붓어머니	14과
守る	지키다	6과
迷う	망설이다, 헤매다	14과
マヨネーズ	마요네즈	1과
マラソン	마라톤	10과
丸ノ内線	마루노우치선〈전철 노선〉	2과
回る	돌다	15과
満	만	10과
満員電車	만원전철	2과
満開	만개, 활짝 핌	2과
マンガ喫茶	만화책이 있는 인터넷 카페	13과
満月	만월, 보름달	14과
満室	만실, 모든 방이 다 찼음	4과
満席	만석, 만원	6과
満足感	만족감	9과
真ん中	한가운데	1과
見かける	눈에 띄다	12과
(お)みくじ	신의에 의해서 길흉을 점치는 제비, 점괘	15과
短め	조금 짧음	6과
ミス	미스, 실수, 잘못	5과
自ら	스스로	9과
ミステリー	미스터리	5과
みそ	된장	9과
みそしる	된장국	9과
身近だ	가깝다	14과
皆様	여러분	1과
実る	열매를 맺다	5과
身分	신분	13과
向かう	향하다	2과
昔話	옛날이야기	14과
無口だ	과묵하다	10과
無形文化遺産	무형문화유산	9과
向ける	향하다	4과
むしろ	오히려	10과
娘	딸	5과
むりやり	억지로	2과
無料	무료	12과
明治時代	메이지 시대	15과
目上	윗사람	2과
めっちゃ	아주, 몹시〈오사카 사투리〉	11과
名詞	명사	7과
めずらしい	드물다, 희귀하다	5과
メッセージ	메시지	6과
目にする	실제로 보다	12과
目につく	눈에 띄다	8과
メロン	메론	7과
目を見張る	(놀라서) 눈을 크게 뜨다	13과
面接	면접	4과
明太子	명란젓	12과
面倒だ	번거롭다, 성가시다	1과
設ける	마련하다, 만들다	13과
申し込む	신청하다	3과
もうすぐ	이제 곧	6과
目的	목적	9과
文字	문자	12과
もしかしたら	어쩌면	3과
用いる	사용하다, 이용하다	7과
持ち歩く	들고 다니다	1과
最も	(무엇보다도) 가장	9과
もてなす	대접하다	9과
元	처음, 본디, 본래	7과

求める	구하다, 찾다	10과
元々	원래	15과
物語	이야기	14과
物事	물건과 일, 사물	15과
盛りつけ	음식을 식기에 보기 좋게 담기	9과
門限	밤에 문을 닫는 시간(통금시간)	12과
モンゴル	몽골	4과

や行

やがて	머지않아, 곧	3과
焼肉店	불고기 가게	3과
焼ける	(불에) 타다	8과
優しい	상냥하다, 부드럽다	2과
易しい	쉽다	11과
家賃	집세	13과
薬局	약국	8과
やはり	역시	6과
山口	야마구치〈지명〉	11과
山手線	야마노테선(전철 노선)	12과
遊園地	유원지	3과
優勝する	우승하다	4과
夕日	석양, 저녁놀	12과
行く先	행선지, 목적지, 장래	13과
豊かだ	풍요롭다	1과
ユネスコ	유네스코	9과
由来	유래	7과
許す	허가하다, 용서하다	5과
拗音	요음	7과
要求する	요구하다	10과
洋室	서양식 방, 양실	13과
～ように思う	～하는 것 같다	3과
洋風化	서양풍, 양식	9과
ヨーロッパ	유럽	14과
翌年	익년, 다음 해	10과
横	옆, 가로	4과
予算	예산	6과
世の中	세상, 시대	3과
寄る	들르다, 접근하다	12과
喜ぶ	즐거워하다, 기뻐하다	11과

ら行

(ご)来店	내점, 가게에 방문함	1과
ラッシュアワー	러시아워	2과
リクルートスーツ	리쿠르트 슈트(학생들이 취업 활동 할 때 입는 슈트)	10과
リストラ	리스트럭처링, 명예퇴직	13과
リバテープ	반창고〈규슈 사투리〉	11과
流行	유행	5과
量	양	9과
履歴書	이력서	10과
ルール	룰, 규칙	7과
留守	부재중	14과
例	예	5과
歴史的だ	역사적이다	11과
レジ	카운터	1과
恋愛	연애	14과
レンズ	렌즈	7과
連絡先	연락처	10과
録音する	녹음하다	2과
ロシア	러시아	4과
ロボット	로봇	5과

わ行

我が社	우리 회사	10과
別れ	이별	14과
わくわくする	두근두근하다	15과
わざわざ	일부러, 특별히	14과
和室	일본식 방, 다다미방	13과
和食	일식	9과
和風	일본식, 일본풍	1과
～割	～할, 10분의 1(비율 단위)	13과
割引	할인	9과
悪口	욕	5과
～を中心に	～을 중심으로	11과
～を通じて	～을 통해	10과